KB053039

나는 보건교사입니다

현직 보건교사의 생생한 경험과 노하우

나는 보건교사입니다

나애정 지음

생각의빛

제1장
나는 보건교사이다

내가 보건교사가 될 줄이야!

　　새벽부터 분주하다. 오늘은 새벽 4시 30분에 기상했다. 새벽의 가치를 알고 새벽 기상을 실천한 지도 벌써 5년이 넘어간다. 하지만 최근에는 새벽이라고 할 수 없는 시간에 기상했었는데 오늘은 특별히 일찍 일어났다. 그 이유는 지원서를 작성하기 위해서이다. 중국에 있는 한국학교에서 보건교사 채용 공문이 내려왔고 지원서를 제출하기로 했다. 10월 이맘때가 되면 재외 한국학교에서 교사를 모집한다. 나는 휴직 기간 중, 필리핀 세부에서 1년 반 동안 살았고 그것이 계기가 되어 외국에 관심을 가지게 되었다. 세부에 있을 때 아이들을 학교에 보내놓고 나는 생각했었다. 나도 외국에 있는 학교에서 근무 해봤으면 좋겠다고. 그렇게 재외학교 근무에 대한 포부를 가졌다. 알고 보니, 그런 기회가 보건교사에게도 있었다. 사실, 그전에는 별로 인지 못 했다. 사람은 보고자 하는 것만 본다는 말이 맞는 것 같다. 보건교사에게도 그런 기회가 있었고 본인의 의지로 얼마든지 해외 근무도 도전해볼 수 있다. 해외에 나가서 새로운 문화도 접하고 해외 경험을 통해 색다른 깨달음과 성장을 가질 수 있는 보건교사. 정말, 멋진 직업이다. 내가 보건교사가 될 줄은 몰랐지만, 사람 사이에서도 인연이 있듯이 직업에도 인연이 따로 있는 것 같다. 다양한 성장 기회에 도전할 수 있는 보건이란 일 자체에서 오는 가슴 찡한 보람으로 보건교사가 된 것이 감사하다는 생각이 든다.

보건교사 경력이 거의 20년 가까이 되는 현재, '보람'이란 단어가 떠오른다. 쉬는 시간마다 보건실을 찾던 남학생 한 명이 생각난다. 이 학생은 학교에서 특별히 문제를 일으키지 않는 조용한 학생이었다. 키도 몸도 지극히 평범해 보였지만 쉬는 시간, 점심시간을 교실에서 보내기 어려워했다. 보건실을 찾는 것이 아파서가 아니라 단지 수업 외의 시간을 보내기 위해서 찾아왔다. 하루에도 여러 번, 쉬는 시간마다 내려왔다가 수업 종이 치면 조용히 교실로 돌아갔다. 그리곤 다시 수업이 끝나면 말없이 보건실에 와서 의자에 앉는다. 그 학생을 볼 때마다 나는 다정하게 말을 건넸다. "영수야 왔니?", "수업은 재미있었어?" 10번 정도 질문하면 한 번 정도 얼굴을 붉히면서 대답한다. 이렇게 그 학생은 중학교 3년을 보건실과 함께 보냈다. 졸업식을 하고 그 학생이 보건실에 나타나지 않았을 때, 나는 보람을 느꼈다. '그래, 졸업했구나, 고등학교 가서는 학교생활에 적응 잘하고 잘 살기를 바란다.'라고 혼자서 생각했다. 아무도 모르는 나만의 에피소드이다. 그 학생이 중간에 탈락하지 않고 졸업을 잘해서 고등학교에 진급한 사실에 나는 보람을 느꼈다. 그 누군가에게 "그 학생 그 렇게 위로하고 돌봐 주었어요."라고 내세워서 말할 내용은 아니다. 오로 지 나만 간직한 뿌듯함과 보람으로 그 학생에 대한 기억은 10년이 지난 지금도 나의 마음에 남아있다. 지금은 그 학생이 어느 곳에서 무엇을 하 며 어떻게 살고 있을까 가끔 궁금해진다.

보건교사로서 최고의 보람을 느끼는 순간은 현재의 코로나19 상황이 아닐까 싶다. 얼마 전 인근 병원 정신과 의사가 줌으로 교사들에게 강연 했다. 주제는 코로나19 상황에서의 정신 건강과 상담에 관한 것이다. 이 때 의사 선생님은 코로나19 상황에서 가장 힘든 사람들의 집단은 의외로 가정주부라는 이야기를 했다. 아마도 코로나19 상황으로 학교가 원격수 업을 오랫동안 하는 것과 관련 있지 않을까 생각해본다. 휴직 중에 나의 아이들은 원격수업을 들었는데, 그 말이 정말 공감이 된다. 아침 깨우는 것부터 전쟁이었다. 학교에 간다고 하면 그래도 잘 일어나는 편이었는 데, 학교에 가지 않고 집에서 수업을 듣는 원격수업 때는 나태해지는 경 향이 있다. 그래서 깨우는 것부터 엄마들은 힘이 든다. 그리고 수업 중 딴 짓하지 않는지, 혹은 도울 일은 없는지 옆에서 봐주어야 하고 과제도 역 시 지도를 해주어야 한다. 일하는 엄마인 경우도 몸은 직장에 있지만 역 시 마음은 아이들이 있는 집에 있을 것이다. 의사 선생님이 말한 가정주 부가 코로나19 상황에서 제일 힘들다는 것이 틀린 말이 아니다. 그런데, 교사이면서 가정주부인 경우는 더욱 힘들 것이라고 덧붙여서 말했다. 나 는 속으로 생각했다. 가정주부이면서 보건교사는 어떨까? 코로나19 상 황에 명퇴하는 보건교사, 휴직을 고려하는 보건교사가 늘어난다는데, 아마도 학교 코로나19 대응의 중추적 역할을 하는 보건교사가 업무 부담감을 느끼고 있기 때문일 것이다. 하지만, 사람은 죽으라는 법은 없다는 말이 있듯이 힘들지만 생각지도 못한 보람이 있음을 인지하게 된다.

일하기에 쉽지 않은 전 세계적 감염병 상황의 시간을 보내고 있지만, 성취감과 존재감은 그 어느 때보다 높다. 코로나19 학교 대응에 있어서 보건교사의 역할이 중요하게 되었다. 대응계획에서부터 평상시 예방관리까지 보건교사의 아이디어와 노력은 학교 방역에 중요한 영향을 준다. 확진자가 막상 발생하면 매뉴얼에 따라서 처리한다. 보통, 확진 시점은 그 전날 검사를 하고 그다음 날 결정이 된다. 학생이나 교사들은 의심 증상으로 보건소에서 검사를 받고 그다음 날 확진 판정을 받게 되는 것이다. 그래서 보건교사는 누군가 검사하러 가는 시점부터 이런 보고를 받게 된다. 검사를 받으러 가는 이유를 보면 대략 이 검사는 양성판정 가능성이 있음을 예견할 수 있다. 이런 상황이면 나는 교내 교직원들에게 상황을 공유한다. 확진 가능성이 있는 상황을 알림으로써 부서별 역할에 맞는 대응 태세를 갖출 수 있고 다음 날 덜 당황하고 코로나19 대응을 발 빠르게 진행할 수 있다.

너무 잦은 확진 가능성의 상황공유가 학교 내 불안감을 조성하는 것은 아닌지 염려하기도 했다. 하지만 가장 중요한 것은 학교 내 즉각적인 감염병 대응이기 때문에 공유에 너무 고민하지 않기로 했다. 예상하고 있는 대응은 그만큼 대응자들의 심리적인 저항을 줄이고 빠르게 움직일 수 있는 중요한 요소가 되기 때문에 미리 알리는 것이 훨씬 낫다고 판단했다. 지금까지 2~3번 정도 교직원들과 공유했는데, 다행스럽게도 무사히 잘 넘어갔다. 확진되지 않아서 천만다행이다. 생각지도 못하게 사전 예측도 못하고 바로 확진자가 발생하는 때도 있었는데 이런 경우는 어쩔 수가 없다. 우리가 할 수 있는 최선을 다하면 되는 것이지 모든 상황에서 확진자를 미리 예견할 수는 없다. 이렇게 나름의 매뉴얼을 만들어가면서 일하는 재미도 크다. 확진을 예견한 검사자가 확진이 아니더라도 일 처리 하는 방법이 새롭게 만들어짐으로 인해 그만한 가치가 있게 되는 것이다. 그동안 일한 시간보다 요즘 최고로 바쁜 시간을 보내고 있지만, 보람과 성취감은 최고 수준이다. 앞으로도 세계화된 시대적 여건상 감염병은 주기적으로 발생할 수 있고, 그로 인해 학교 내 감염병 관리에 대한 중요성은 계속 증대될 것이다. 이에 보건교사의 역할은 더욱 중요하게 될 것이란 예상을 하면서 보건교사의 입지와 존재감도 더 탄탄해질 것이란 생각이 든다.

보건교사의 이런 존재감으로 과대 학급에서는 보건교사 2인 배치라는 학교보건법이 2021년 통과되었다. 보건교사 혼자서 40학급, 50학급의 학생 건강을 책임진다는 것은 쉽지 않은 것이다. 건강관리 수혜자의 입장에서도 제대로 건강관리를 받을 수 없다. 코로나19 상황에서 보건교사의 적정 수 배치에 대한 요구는 이제 모든 사람의 공감대를 형성했다. 보건교사 역할의 가치가 점점 높아짐을 또한 실감하게 된다.

'내가 보건교사가 될 줄이야.' 문득 그렇게 생각할 때가 종종 있다. 나의 초중등시절, 나는 보건실을 별로 찾지 않았다. 그래서 더욱 그런 생각을 하는 것 같다. 하지만 지금 감사하다. 내가 보건교사가 된 것이. 건강한 학생, 건강하지 않은 학생, 구분 없이 도움이 필요한 모든 학생과 함께 함으로 존재감과 행복감을 느낀다. 쉬는 시간을 힘들어해서 말없이 보건실을 찾아 시간을 보내고 갔던 학생은 나의 뇌리에 깊이 남아있다. 보건실이 있었기에 그 학생은 3년의 기간을 무사히 보내고 졸업을 할 수 있었다. 한 사람의 사회인으로 거뜬히 한몫하며 잘 살아가고 있을 것이라 기대한다. 학교 감염병 차단의 최전선에서 막중한 역할을 하는 지금의 보건교사, 오히려 그 어느 때보다 보람이 있고 자존감 또한 높다. 육체적으로 힘듦은 잠시이다. 피로감이 풀리고 마음에 안정이 다가오면 내면으로부터 밀려 나오는 자긍심을 느낀다. 보건교사에게 주어진 해외 근무의 기회는 보건교사라는 직업의 또 다른 매력이다. 여러모로 봐도 보건교사가 된 것은 아주 자랑스럽고 감사한 일이다. 현재 간호 일을 하고 있거나 간호사를 꿈꾸고 있는 학생이라면 보건교사에 도전해보시길 진심으로 권하고 싶다.

재수 시절, 언니가 건넨 국군 간호사관학교 원서

　새벽 시간, 멀리서 들려오는 교회 종소리를 듣곤 했다. 새벽예배 시작을 알리는 소리이다. 아직도 그 종소리가 귓전에 생생하다. 나는 고3 졸업과 동시에 재수를 시작했다. 지방에서 서울 재수학원이 밀집해 있는 노량진을 들락거리며 원하는 대학입학을 상상하며 공부할 수 있었던 것이 지금도 꿈만 같다. 아버님도 중학교 때, 불의의 사고를 당하시고 유명을 달리한 상태로 어머님 홀로, 자녀 4명을 뒷바라지하는 상황이었다. 이제 갓 사회초년생이 된 첫째인 언니와 대학교에 다니고 있던 오빠가 있었다. 나는 언니 집에서 재수하겠다고 엄마에게 떼를 썼다. 결국, 자식 이기는 부모 없다고 어머니께서는 재수를 허락했다. 그때의 재수가 나의 운명을 바꾸었다. 나는 지금도 그렇게 생각한다. 재수했기에 나는 현재 보건교사가 되었고 보건 일을 하면서 만족스럽게 직장생활하고 있다.

재수 시절, 지금은 좋은 것들만 기억에 남는다. 하지만, 속속들이 표현하지 못하고 오롯이 혼자서 감내해야 할 일들이 있었다. 그 당시, 잠깐 만났던 사람도 기억이 난다. 동병상련으로 서로의 처지를 잘 알기에 정서적으로 힘이 되었던 친구. 하지만 공부가 우선이었기에 만남을 접고 꿈에 열중하기로 했다. 재수하는 나에게 가장 힘든 부분이라면 앞날을 모른다는 점이었다. 열심히 살고 있지만, 불투명한 미래로 불안했다. 열심히 공부하면 할수록, 미래에 대한 불안감은 더욱 커졌다. 엄마는 당시 서울에 계셨는데, 나는 엄마에게 수시로 이런 질문으로 힘들게 했다.

"엄마, 이렇게 공부하면 대학을 들어갈 수 있을까?"
"어떻게 해야 할지 모르겠어! 하면 할수록 어려워!"
딸의 이런 질문을 듣는 엄마도 마음은 편하지 않았을 것이다. 그렇다고 뾰족한 해답은 없다. 그저 열심히 공부하는 수밖에 다른 방법은 없다. 지금 생각해 보면 엄마에게 몹시 죄송스럽다. 어리기 때문에 극복되지 못한 한계가 나에게 있었다.

그래도 재수 시절이 있었기에 분명 성장한 부분이 있었다. 그 당시, 너무나 답답한 마음에 고향을 찾은 적이 있었다. 나는 무작정 버스를 타고 갔다. 고향에서 초등학교 때부터 친했던 친구를 만났다. 그 친구는 김천에서 대학을 다니고 있었다. 더 큰 꿈을 위해 김천에 있는 대학은 가지 않겠다고 스스로 결정해서 나는 떠났지만, 그 친구가 그렇게 부러울 수가 없었다. '엄마 옆에서 편하게 대학 다니고 간호사면허 취득해서 취직하면 될 것을.' 하며 후회도 했다. 하지만 되돌릴 수 없는 상황임을 누구보다 잘 아는 그 당시 나는 친구를 보고 부러워만 할 수 없다고 생각했다. 다시 서울로 올라와서 새벽 교회 종소리를 들으면서 공부에 매진했다. 재수하면 누구나 혼자만이 인내해야 할 부분이 있기에 그만큼 성장한다. 내면이 더욱 단단해진다. 재수하더라도 열심히 할 수 있는 잠재력이 있다면 내 아이가 재수한다고 해도 적극적으로 지원할 것이다.

하루는 언니가 '국군간호사관학교' 원서를 건네주었다. '국군간호사관학교, 이런 학교가 있구나.' 생각했다. 사관학교라면 육사, 공사, 해사만 알고 있던 나에게 생소했다. '국군간호사관학교'는 '간사'라고 말했다. 시험 과정은 다른 사관학교와 같다. 3단계로 진행된다. 1차는 필기시험, 2차는 면접, 3차는 서류전형이다. 다른 부분도 다른 사관학교와 흡사하다. 사관학교 시험 자체가 그 당시 수능보다 빠른 날에 보는 것이라, 언니도 형부도 시험 보기를 권했다. 나 또한 재수 생활 동안 열심히 한 공부가 어느 정도 실력으로 향상되었는지 궁금했다. 만약, 결과가 좋지 않더라도 손해 볼 것은 없다고 생각했다. 더욱 분발하는 계기가 될 수 있는 시험이라 판단하여 나는 '국군간호사관학교' 시험 준비를 시작했다.

국군간호사관학교 시험공부를 하면서 이 학교에 대해서 조금씩 알게 되었다. 처음에는 학교의 존재 자체에 대해 놀라워했고 조금씩 알아가면서 꼭 가고 싶은 학교가 되었다. 국군간호사관학교는 전교생이 기숙사 생활을 한다. 학자금도 매달 받으면서 생활필수품까지 지원받는다. 공부

열심히 하고 졸업 전 간호사면허 시험을 보고 자격증을 취득하면 그 뒤의 삶은 탄탄대로라고 생각했다. 졸업과 동시에 소위로 임관하고 의무복무 6년 정도 하고 나면, 원하는 진로대로 군에 계속 남아있을 수도 있고, 사회로 진출해서 자신이 원하는 일도 할 수 있다. 공부는 잘하지만 가정형편이 넉넉하지 못한 학생들에게 꿈을 향해 나아갈 수 있는 징검다리가 되는 학교이다. 성적이 좀 좋아야 한다는 부분이 있지만, 나는 욕심을 내기로 했다. 시험 볼 때까지 최선을 다해보자고 각오를 하고 공부했다.

국군간호사관학교 입학에 대한 갈망이 커질수록 불안해졌다. 매일 상상했다. 학교를 찾아보고 정보를 얻으면서 상상은 좀 더 구체적으로 되었다. 꿈이 간절해질수록 상상은 자연스럽게 따라오는 과정임을 알 수 있다. 되고 싶고, 갖고 싶고, 하고 싶으면 머릿속에서 그것을 상상으로도 하게 되는 것이다. 상상한 만큼, 국군간호사관학교 입학에 대한 열망이 더욱 강해졌다. 결국 그 열망과 간절함은 현실이 되었다. 나는 1차 시험에 합격했다. 그리고 면접시험을 앞두게 되었다. 1차에 합격하고 나니 2차는 더욱 간절해졌다. 면접시험 전날 나는 지금도 이해할 수 없는 신체적 이상 증상이 있었다. 각혈을 한 것이다. 응급실을 찾고 특별한 처치도 없이 증상은 호전되었고 나는 새벽 4시까지 병원에 있다가 다음날 면접시험장으로 갔다. 잠 한숨 자지 못했지만, 나는 면접시험을 무사히 잘 치르고 드디어 오매불망, 원하던 국군간호사관학교 생도가 되었다. 세상을 다 얻은 기분이었다.

나는 국군간호사관학교를 가지 않았다면 보건교사가 되지 못했을지 모른다고 생각한다. 국군간호사관학교에서는 전교생이 교직 이수를 한다. 그 당시, 교직 이수가 무엇인지 관심이 특별히 없었고 학교에서 하라는 것이니 성실히 했다. 그렇게 보건교사가 될 자격을 졸업과 동시에 받았다. 국군간호사관학교 전교생이 기숙사 생활을 한다. 기숙사 생활이 때론 힘들기도 했다. 1방에 5명씩 사용했기에 불편한 점도 있었다. 하지만 한 가지 긍정적인 부분은 공부하는 데 있어서 서로 동기부여가 된다는 것이다. 국군간호사관학교 자체가 이런 점에서 공부하는 환경이 잘 조성되어 다른 학교에 비해서 국가고시에 좋은 성과를 내고 있다. 나 역시, 국가고시 시험을 무난히 통과했고 간호사면허를 취득했다.

재수 시절, 간호사인 언니가 건넨 국군간호사관학교 원서가 현재, 보건교사가 될 수 있는 밑거름이 되었다. 만약, 언니가 이 원서를 나에게 보여주지 않았다면 지금까지 나는 이 학교의 존재를 모를 수도 있다. 국군간호사관학교에서 기숙사 생활하면서 공부에 매진할 수 있었고 졸업과 동시에 간호사 면허취득은 물론, 교직 이수도 가능했다. 대학 때 배운 그것이 내 인생의 큰 흐름이 되어 지금까지도 배운 것을 활용하면서 살고 있다. 보건교사, 그때 공부를 하지 않았다면 이 좋은 직업을 얻지 못 할 뻔했다. 재수를 할 수 있도록 뒷바라지해 주신 친정어머니께도 감사하고 사관학교 시험을 치도록 관심 가져 주고 여러모로 도와준 언니, 형부에게도 고마운 마음이다.

학과 출장과 기숙사 생활은
잊을 수 없는 추억이다

국군간호사관학교, 나는 다른 사람들보다 조금은 특별한 대학을 다녔다. 재수 시절, 언니가 건네준 원서로 이 학교를 지원하게 되었고 운 좋게 합격하여 입학했다. 입학이 다소 어려웠던 만큼 졸업 후의 시간은 다른 간호대학 출신보다 더욱더 평탄하게 전개될 것이란 것을 알고 있었다. 입학과 동시에 고생은 끝났다고 생각했다. 입학 후 그 어떤 어려움도 잘 견뎌낼 자신이 있어 크게 문제가 되지 않을 것이라 여겼다. 하지만 그것은 나의 착각이었다. 3학년 때 자퇴한 동기가 있었고, 졸업이 코앞인 4학년 때도 그만둔 동기도 생겼다. 지금 그 친구들이 어떻게 살고 있는지 잘 모르는 상태에서 그때의 선택이 잘못되었다고 평할 수는 없다. 물론, '간호'라는 일이 적성에 맞지 않아 그만두었을 수도 있다. 하지만, 힘들어서 그만둔 예도 있었다. 나 자신도 그 당시, 인내력을 주기적으로 발휘해야 했기 때문에 충분히 이해된다.

일반대학에 비해서 크게 다른 부분이라면, 전원 기숙사 생활을 해야 한다는 것이다. 저학년 때는 아침 집합 후 다 함께 줄을 서서 학과 출장을 했다. 그야말로 군대였다. 학교에 갈 때도 학교가 끝날 때도 단체로 움직였다. 일반적이지 않은 이런 상황들이 그 당시에는 쉽지 않았지만, 지금은 좋은 추억거리로 남아있다. 또한, 그런 대학 생활을 통해 보건교사에서 필요한 혼자서도 알아서 일 처리 하는 근성과 인내심을 키울 수 있었다고 여긴다.

기숙사인 생도대와 공부하는 강의실이 있는 곳은 거리상 그리 멀지 않았다. 그래도 아침, 강의실로 이동할 때는 1학년 82명 전원, 함께 움직였다. 생도도 군인의 신분이다. 어디를 가든 무엇을 하든 항상 단체생활이었다. 3~4명이라도 이동을 할 때는 줄을 서서 이동해야 했다. 수업 시간은 정해져 있어서 시간 엄수는 필수이다. 아침에 늦게 준비하는 동기들이 있으면 단체로 지각하게 된다. 아침 기상 후, 체조, 구보 후에 식사를 마치고 가방을 챙기고 제복을 입고 건물 앞으로 나와 줄을 서기까지 수시로 시계를 보고 시간을 확인해야 했다. 조금이라도 늦으면 다른 사람에게 피해를 주기 때문에 시간 하나는 정확히 지키려고 했다. 그것을 4년 동안 하다 보니 시간개념이 안 생길 수가 없다. 시간의 소중함을 뼛속 깊이 느끼게 되었다. 어디를 가든지, 미리 그 장소에 나가 있는 것이 마음이 편했다. 조금이라도 늦으면 한 사람이 아니라 단체로 손해를 끼치는 경험을 보고 경험했기에 그런 상황은 만들지 말자는 의식이 생겼다. 피치 못할 사정을 제외하고 시간은 철저하게 지키자는 것이 나의 삶의 기본 중의 기본이 되었다.

학년이 올라가면서 단체생활의 규정이 조금 완화되었다. 하지만 4명이 모이면 앞뒤로 열을 맞춘다는 것은 같다. 식당에 가거나 학과 출장을 할 때나 어느 곳에서나 이동할 때는 항상 줄을 서고 열을 맞추어 다녔다. 외출이 가능한 날은 일주일에 3번이었다. 외출하는 시간은 자유롭게 원하는 일들을 할 수도 있었고 열을 맞추어 길을 가지 않아도 되었다. 지금은 간호 생도들이 생도 복장으로 외출하는 것 같은데, 그 당시에는 제복을 입지 않고 외출, 외박이 가능하여 기분 또한 자유로웠다. 군인으로서 단체생활을 몸에 익히는 생도 시절이 지금은 그립기도 하다. 지금 한다면, 좀 더 성실하게 할 것이란 생각도 든다. 자유의지가 강한 시기, 대학생 때, 소심한 반항심리로 규율을 잘 지키지 않을 때도 있었다. 지금 돌이켜보니, 그 시간이 귀하고 소중한 시간이었다.

기숙사 생활에 대한 추억거리도 있다. 기숙사 생활은 정해진 규정이 있었다. 저녁을 하고 7시부터 대략 2시간 정도 공부하는 시간이 있었다. 이때는 책상에 앉아있어야 했고 다른 행동은 자제해야 했다. 1방에 5명 정도 함께 생활했고 침대는 과거 병원 침대처럼 철로 만든 높은 침대였다. 각자 공간에는 책상 하나 침대 하나 철제 장롱 하나가 주어졌다. 주로 침대 밑에는 청소도구나 신발 같은 것을 넣어두고 항상 깨끗이 정리 정돈해야 한다. 선배나 훈육관이 수시로 순회하면서 정리 상태를 검사했다. 침대 위 이불 정돈은 정해진 방식대로 역시 정돈되어야 했다. 공부 시간에 생활공간부터 깔끔하게 다시 한번 확인하고 책상 등을 켜고 책상에 앉아서 공부했다. 하루는 출출해서 누군가가 아이디어를 냈다. "우리 커피포트에 라면 끓여 먹을래?" 다들 라면의 맛을 상상하면서 찬성했다. 조심조심, 커피포트에 물을 받아와서 끓였다. 라면을 다 끓여서 다들 문과 가장 먼 쪽의 침대 뒤에 옹기종기 앉아 맛나게 먹으려고 했다. 그 순간, 문이 열리면서 훈육관이 들어왔다. "아뿔싸!" 한 젓가락도 못 먹고 들켰다는 것이 가장 속상했다. 그날 밤, 우리는 등을 다 가리는 큰 군용 배낭을 멘 완전군장 복장으로 연병장을 무지막지하게 돌았다. 벌을 서면서도 우리는 마음속으로는 불만도 불평도 없었다. 하고 싶은 것을 해보았으니 여한이 없다는 마음이었다. 규율은 좀 어겼지만 창의적 사고로 과감한 도전을 해보았다는 점에 뿌듯했다. 지금도 그때의 기억이 생생하고 두고두고 잊을 수 없는 추억이 되었다.

또 하나 잊지 못할 추억이 있다. 외출하는 날이 수요일, 토요일, 일요일로 정해져 있었다. 주말에는 멀리 집에까지 갈 수 있고 1박도 가능했다. 평일에는 9시 전까지 귀가해야 했다. 꿈 많고 하고 싶은 것도 많은 그 나이에 여러 명의 친구와 함께 호프집을 갔었다. 호프집에서 친구들과 누가 더 잘 마시나? 내기하게 되었다. 특히, 한 명의 동기와 나는 마시는 경쟁을 벌였다. 시간 가는 줄 모르고 있다가 점호시간이 다 되어 우리는 헐레벌떡 시간에 맞추어 들어왔다. 점호할 때는 숙소 1층 현관에서 인원 점검을 받고 훈육관으로부터 간단히 훈화 말씀을 듣는다. 그때, 친구가 거의 쓰러지기 직전 상황이 되어 급히, 다른 방으로 이동된 일이 있었다. 그 친구가 부축을 받고 옮겨지는 동안, 마음이 조마조마했지만 그래도 점호는 무사히 넘겨 두고두고 가슴을 쓸어내리게 했다. 동기들과 동병상련 마음으로 함께 어울리고 함께 이겨낸 기숙사 생활, 힘든 것도 있었지만 그렇게 한 번씩 좋은 추억들로 우정도 쌓아가며 어울리는 법을 배웠다. 아쉽게도 그때 나와 대결한 친구는 암으로 인해 얼마 전 유명을 달리했다. 마지막 호스피스 병동에서 남편이 소식을 전해왔다. 동기들 모두는 가슴 아파했고 나는 그때의 추억이 떠올라 더욱 마음이 좋지 않았다. 세상에 없는 친구에게 '친구야 고맙다. 젊은 나이에 함께 해서 행복한 시간, 좋은 추억을 간직한다. 덕분에 이렇게 잘살고 있다.'라고 말해주고 싶다.

지나온 시간을 되돌아보니 그 시간은 지금의 보건교사가 되기 위한 과정이었다. 국군간호사관학교, 그곳에서 보낸 4년이란 시간으로 인해 나는 무엇이든지 끝까지 해내는 성향을 지니게 되었다. 그 전, 단체생활이라면 학교생활이 다였는데, 기숙사 생활을 통해 몸에 익힌 특별한 적응력은 분명 있다. 어울려 사는 법을 스스로 터득하고 남들의 감정에 민감히 공감하게 되었다. 친구의 불운이 곧 나의 불운이 될 수 있음을 인지하며 개인보다는 전체를 보게 되었다. 표현은 일일이 다 하지 않았지만 깊이 느끼는 끈끈한 정도 체험하게 되었다. 이런 경험을 통해 학교에서 나는 보건교사로서 내가 해야 할 건강관리라는 영역을 제대로 인식하고 건강한 학교라는 전체 목표를 위해 나의 역할을 성실히 수행하며 보건실을 찾는 학생뿐 아니라 교직원에게 최대한 따뜻하게 그들의 불편함을 들어주려고 노력하고 있다. 이런 모든 내 모습은 대학 때의 단체생활이 큰 영향을 미쳤음을 생각해본다. 과거 나의 모든 시간이 현재의 나를 위해 꼭 필요한 시간이었음을 다시 한번 느낀다. 학과 출장과 기숙사 생활, 잊을 수 없는 인생 단 한 번뿐인 소중한 추억이었다.

영원할 것 같은 간호장교 생활

국군간호사관학교 졸업식 날에는 가족들을 초대한다. 평상시 민간인에게 출입 금지였던 군부대이지만 이날은 학교 전체가 개방된다. 졸업식은 학교 연병장에서 성대하게 거행되었다. 한 명씩 한 명씩, 졸업장을 받으면서 거수경례와 악수도 하였다. 그 당시, 졸업장을 주신 분이 지금, 기억에 남아있지 않지만, 아마도 나라의 고위직 공무원이었을 것이다. 졸업식인 만큼은 즐겁지 않은 사람이 없다. 내 어머님은 홀로 딸을 뒷바라지했다는 뿌듯함과 무사히 4년간의 생도 생활을 잘 마친 딸에게 감사함이 함께하는 마음이었을 것이다. 2학년 때 나는 방학을 마치고 학교로 복귀하던 날, 가방을 싸놓고 학교에 가지 않겠다고 어머님의 속을 까맣게 태웠다. 내가 힘들다며 학교 복귀하지 않겠다고 한 이유는 기숙사 생활 때문이었다. 학교가 끝나면 편안하게 혼자서 쉬고 싶은 마음이 굴뚝같은

데, 5명이 한방을 쓰는 단체생활인 기숙사 생활이 답답하게 여겨졌다. 어머님은 나를 달래셨다.

"세상에 어렵지 않은 것이 없다. 힘들더라도 참고 이겨내야 한다. 엄마는 남편없이 너희들 키우기 쉬운 줄 아냐? 엄마도 이를 악물고 참아냈기 때문에 너희들 잘 키울 수 있었다. 힘내라. 졸업만 하면 그 어떤 사람들보다 네가 원하는 것을 하면서 살 수 있을 것이야."

어머님의 말씀은 확고하셨다. 절대 중간에 포기하지 말라는 말씀이셨다. 흔들림 없는 어머님을 보고 나는 마음을 바꿔 학교로 돌아갔다. 그때의 기억이 생생하다. 그런저런 힘든 과정을 마치고 졸업을 하니 스스로 자신이 자랑스러웠다. 더욱 감사한 것은, 졸업과 동시에 소위 계급장을 달고 군 병원에서 일을 한다는 사실이다. 일반대학으로 따지면, 졸업과 동시에 취직이 된 것이다. 짧은 여행이라도 가지 못하는 아쉬움이 남지만 그래도 좋았다. 생도가 아닌, 정식 계급장을 단 병원의 간호장교가 된 것이다.

첫째를 임신하고 막달일 때, 숨쉬기도 힘이 들어 빨리 낳고 싶었다. 늦은 출산에다가 의사 선생님이 아이의 머리가 크다고 해서 자연분만 대신 수술을 결정했다. 의사 선생님의 권유도 있었다. 수술 날짜를 잡고 나는 그날을 기다렸다. 하루빨리 수술하고 싶은 마음이 강했기 때문이다. 엄마라는 존재도 어쩔 수 없는 인간이었다. 부른 배가 모든 생활에 걸림돌이 되었다. 운전하려 하면 배가 운전대에 걸려서 운전이 자유롭지 못했다. 잠을 잘 때도 바로 눕지를 못하고 옆으로만 누어야 했다. 요즘은 임신 체험복이라고 옷 속에 무거운 성분을 넣어 임신과 같은 신체 조건을 만들어 미리 체험하는 것도 있다. 체험을 통해서 남편이든 가족이든, 본인 스스로 미리 임신의 간접체험을 해보는 것이다. 미리 체험이라도 해보았으면 나았을까? 임신한 10달이란 시간이 너머나 길게 느껴졌다. 그래서 그런지, 나는 분만을 위해 수술실을 들어갈 때 웃으면서 들어갔다. 여유롭게 남편에게 손까지 흔들면서 가뿐한 몸과 마음으로 다시 만나자는 제스처로 수술 방으로 걸어갔다. 분만을 위해 수술실로 들어갔던 기대감이 섞인 홀가분한 감정이 졸업과 동시에 첫 근무지인 국군수도병원을 향해 출발할 때의 마음과 같았다. 국군간호사관학교에서 행복한 추억도 많았지만, 기본적으로 속박처럼 느낀 부분도 있었기에 졸업을 통해 기분 좋은 마음으로 간호장교라는 군 초년 생활을 시작했다.

'소위'는 모든 사람의 관심 대상이었다. 처음으로 근무하게 된 곳이 국군수도병원 신경외과 병실이었다. 국군수도병원 지금은 분당으로 이전하였지만, 내가 근무했던 1992년도에는 서울 강서구 등촌동에 있었다. 아직도 병원 후문 골목길이 눈에 선하다. 현재, 그 자리는 아파트로 바뀌었다. 그 당시, 병원 건물 뒤로 나무도 많았는데 후문 골문뿐 아니라 그것들은 흔적조차 찾아보기 어려울 만큼 변해있다. 모든 것들이 정감 있는 과거, 그곳에서 나는 화려한 소위 시절을 보냈다. 군 병원의 환자들은 주로 경환자들이 많다. 자대에서 훈련을 받을 수 없으면 군 병원으로 후송, 입원이 된다. 병원 입원의 기준이 자대 생활이나 훈련 가능 여부로 결정

된다고 볼 수 있다. 그래서 군병원엔 경환자들이 많다고 할 수 있는데, 젊은 혈기의 군 장병들이 병원에서 다소 지루함을 느끼게 된다. 이런 중에 재미로 병원에서 환자들이 하는 이벤트가 있다. 병동 간호장교들에 대한 인기 투표를 하는 것이다. 간호장교들 몰래 이루어진 인기 투표에서 나는 항상 1위. 어떤 기준으로 1위가 된 것인지 모르지만, 환자대표가 와서 그 소식을 전할 때는 기분이 나쁘지 않았다. 그리곤 인기 유지 차원에서 환자들에게 더욱 잘하게 되는 속물근성이 발동했다. 지나고 나니, 지금도 웃음이 나는 일이었다.

군 병원에서도 간호장교는 3교대 근무를 한다. 3교대에서 가장 힘든 시간이 밤에 근무하는 밤번이다. 젊다고 밤 근무가 쉽지는 않다. 일반병원에서는 승진이 될수록 밤일 대신 낮일 위주로 할 수 있는데, 군 병원도 마찬가지이다. 군대이니 계급이 올라갈수록 밤번에서 제외된다. 밤 번할 때는 낮번만 하는 선배들이 그렇게 부러울 수가 없었다. 소위, 중위를 지나 대위가 되면서 나도 밤번에서 벗어날 수 있었다. 국군 일동병원에서 대위로 근무할 때, 나는 이비인후과 담당이었다. 낮에 경환자들을 돌보고 퇴근하고는 나의 취미생활을 즐겼다. '일동'은 스키장이 가까워 선, 후배들과 야간 스키를 타러 다닌 것이 기억이 난다. 스키의 '스'자도 모르던 당시, 스키를 잘 타던 후배 따라 스키장을 처음 찾았고 조금씩 배우면서 혼자서도 스키장을 찾아 스키를 즐기기도 했다.

군 병원에서 간호장교로 근무서면서 일의 강도가 적당했고 퇴근하고는 꿈을 향해 개인적 일도 할 수 있었다. 앞에서도 잠깐 언급했듯이 군 병원은 중환자실을 제외하고는 일반병실에서는 주로 경환자가 많다. 경환자이다 보니, 근무서는 사람의 일의 강도도 일반병원에 비해 세지 않다. 병원이지만, 군인의 신분인 환자들을 내무반 관리하듯이 관리하면서 간호를 하면 된다. 퇴근해서도 에너지가 충분히 남아있다. 개인적으로 관심 있는 공부나 활동들을 할 수 있다. 일동병원에 있을 때, 나는 응급구조사 1급 자격증을 취득했다. 이 면허증 취득도 그 병원의 그 당시 간호장교들 사이에서 유행이었다. 필기시험 준비를 위해 퇴근하면 도서관을 찾았다. 실기시험을 위해 무거운 것을 들고 뛸 수 있는 근육을 단련하기 위해 헬스장을 다녔다. 시험 당일에는 시험 보는 선후배들과 함께 시험장을 찾았고, 시험 후 함께 맛난 것을 먹으면서 그동안의 고생을 훈장처럼 이야기했다. 간호장교 생활이 만족스러웠다. 평생 간호장교 생활을 할 것만 같았다. 내 삶에서 간호장교는 딱 맞아떨어지는 옷처럼 생각되었다. 하지만, 때가 되면 떠나야 하는 것이 모든 직업의 자연스러운 과정이다.

　군은 계급정년제이다. 진급이 되지 않으면 전역을 해야 하는 원칙이 있다. 동기 80명 중, 현재 군에 남아 있는 동기의 수는 5 손가락 안에 든다. 그 동기들의 계급은 중령, 대령이다. 이렇게 진급을 했기 때문에 그들은 아직도 군 생활을 하는 것이다. 만족스럽고 자신감 넘친 간호장교 생활, 대부분 젊은 나이에 그만두고 전역을 해야 한다는 의미이다. 전역할 당시 나의 감정상태가 아직도 뇌리에 남아있다. 너무 외로웠다. 34세에 나는 전역을 했는데, 그 당시 세상 밖으로 나간다는 것이 너무도 두려웠다. 대학부터 그 나이가 될 때까지, 군에서만 있었는데, 이제, 간호사면허증 하나 들고 세상으로 나가 무엇을 할 수 있을까 염려되었다. 에너지 넘치는 젊음을 다 바친 간호장교의 생활, 후회는 없지만 아쉬움은 남았다. 하지만, 결국, 그 시간이 오늘날 나를 만든 밑거름임을 다시 한번 느낀다. 보건교사로서 학교 건강관리에 그때 겪고 느낀 나만의 인생 경험과 노하우들이 도움이 되고 있다.

나는 간호장교였다는 이야기를 잘 하지 않는다. 간호장교 출신이라고 하면 왠지 기대치가 높아진다는 것을 알게 되었기 때문이다. 일단, 간호장교에 대해서 그만큼 신뢰한다는 의미일 것이다. 국군간호사관학교에서 배운 간호 교육과 군사훈련, 군 병원에서 장병들을 관리하는 노하우, 이런 모든 것들이 특별한 이력이 되었고 자신도 인지하지 못한 역량을 키워주었다. 개인적으로 생각해도, 그런 경험들로 알게 모르게 길러진 여러 긍정적인 내, 외적 모습들이 지금 보건교사 업무를 하는 데 많은 도움이 된다고 본다. 영원할 것 같은 간호장교 생활을 더 오랫동안 하고 싶은 마음도 강했지만 지금 보건교사임에 더욱 감사한다. 보건교사로서 내가 원한다면 60이 넘어서도 일을 할 수 있다. 전공을 살려 끝까지 일할 수 있다는 것이 얼마나 감사한 일인가? 지금도 '내가 보건교사라니.'라는 생각이 잠깐잠깐 들 때가 있다. 간호장교 때 경험한 배움과 노하우들을 바탕으로 항상 감사한 마음으로 보건교사로서 충실히 그 역할을 해낼 것이라고 나는 다짐한다.

전역 후 미국 간호사를 꿈꾸었다

간호장교를 그만둘 즈음, 사회에서 어떤 직업을 구해야 하나 고민했다. 전역한 선배들을 보면, 주로, 해외로 눈을 돌려 꿈을 달성하거나, 한국에서 보건교사를 많이 하고 있었다. 일반병원의 간호사로 근무하는 선배들은 극히 일부였다. 나 또한 비슷한 길을 걸을 것이란 생각이 들었다. 가장 끌리는 부분은 뭐니 뭐니 해도, 새로운 세계, 해외에서 병원 간호사의 역할을 해보고자 하는 것이었다. 그래서 미국 간호사 자격증 취득을 위해서 공부를 시작했다. 미국 간호사 자격증을 위한 공부는 영어로 해야 하지만, 의학용어라서 그렇게 어렵게 느껴지지는 않았다. 간호 공부를 할 때나 병원에서 일할 때, 의학용어를 주로 사용하였기 때문이다. 공부하면서 힘들지는 않았다. 오히려 공부 자체가 마음을 설레게 했다. 영어 공부를 하는 것 같기도 하면서 미국병원에서 근무서는 상상도 하게 되어,

공부하는 시간이 즐거웠다. 새로운 도전은 항상 그렇다. 설레면서 기대되며, 곧 그것들이 달성될 것 같은 기분에 마음이 들뜬다. 간절한 꿈의 도전일수록 더욱 그렇다.

　나는 간호사이다. 하지만, 군을 떠날 때가 다가올 때쯤, 간호사들이 가장 많이 있는 곳, 일반병원으로의 취직은 생각하지 않았다. 간호사의 자격증을 가지고도 병원 취직을 꺼렸다. 감당할 수 있을까 확신을 하지 못했다. 병원으로 진로를 정하지 않은 이유가 몇 가지 있다. 요즘, 간호사의 현실을 인지할 수 있는 사건·사고들이 사회에서 발생하고 있다. 그것은 다름 아닌, 간호사의 태움 문화이다. 태움의 주체는 선배 간호사뿐만이 아닐 것이다. 의사와의 관계에서도 충분히 일어난다. 같은 계급을 가지고 있는 군 병원에서조차 이런 태움의 문화는 있었다. 의사와 간호사의 관계, 우리나라에선 거의 수직관계를 갖는 경우가 많다. 엄연히, 다른 업무, 다른 역할임에도 불구하고 오더를 받아 간호한다는 사실에만 국한한 인식이다. 무시당하는 일들이 일어난다. 태움이란 표현을 사용하지 않지만, 태움보다 더 극한상황들이 군 현장에서도 연출된다. 일반병원은 더욱 심할 것이다.
　또한, 간호사들이라면 누구나 감당해야 할 밤 근무. 나이가 들수록 쉽지 않았다. 누구보다도 잠이 많은 사람인 나에게 밤을 새워서 일해야 한다는 사실은 고문과도 같았다. 대학을 졸업하고 갓 시작한 간호사의 업무에 밤 근무는 수도 없이 서보았다. 환자 간호에 밤, 낮이 있을 수 없기에 당연히 해야 할 간호사의 의무라 생각했지만, 밤 근무 자체는 열악했다. 수도병원에서는 50명 이상 있는 병동을 혼자서 커버해야 했다. 밤을 새우는 자체도 쉽지 않은데, 중환자가 많지 않다고 하더라도 간호해야 할 환자의 수는 많았다. 근무하고 난 후에도 푹 쉴 수 있는 환경이 주어지지 않았다. 초임자다 보니, 실수한 것이 있으면, 자다가도 병실을 찾아 해결해야 했다. 최소 1주 이상, 밤과 낮이 바뀐 생활은 다른 개인적인 삶이 불가능하게 했다. 근무서고 낮에 자고 기타 활동은 생략인 생활이 바로 밤 근무하는 사람의 삶이었다. 나이가 젊다고 쉽지 않다. 나이가 들었다면 더욱 쉽지 않은 것이 바로 밤을 새워서 일하는 것이었다.

새로운 도전, 한국이 아닌 해외에서의 근무와 삶을 꿈꾸었다. 생도 시절, 간호장교 시절, 해외에 여행 가는 것이 자유롭지 못했다. 절차가 복잡했던 기억이 난다. 해외여행을 가긴 갔었다. 어렴풋이, 네팔 여행이 생각난다. 대학원을 다닐 때였다. 그 당시 내가 다닌 대학원에서는 방학 때마다 해외여행을 간다고 했었다. 대학원 교수 중 한 분이 네팔에 대학교를 세웠고 그곳에서 아이들을 가르친다고 해서 그곳 방문이 예정되었다. 초등학생인 조카를 데리고 나는 여행을 신청했다. 네팔에서 만난 자상하신 나이 드신 김명호 교수님과 그의 아들도 기억에 남는다. 일행 중, 조카와 나를 특별히 더 챙겨주셨다. 나는 그렇게 해외 삶에 대한 동경이 생겼다. 대학 때도 해외 연수 한번 갔다 오지 못하고 기숙사 생활하면서 외출도 일주일에 3번만 가능한 삶에 대한 반작용으로 더욱 해외 삶이 그리웠던 것 같다. 본격적으로 일을 하면서 해외에서 살고 싶다고 생각했고 전역과 동시에 미국 간호사 자격증을 취득하리라 결심했다.

전역하고 나는 계속 공부에 매진했다. 학원도 다녔다. 그 당시 학원이 많지 않아 어렵게 찾은 학원의 도움을 받기로 했다. 한 교실에 4~5명씩 공부를 했다. 학원이 끝나면, 낮에 공부하고, 밤에는 간호학원 강사로 나가서 아르바이트했다. 지금도 그렇지만 전역을 하고도 나는 간호와 관련된 일과 공부를 했다. 그러고 보니, 간호사란 자격증으로 할 수 있는 일이 다양하다. 간호사 출신, 과학수사대 검시 조사관도 있다. 최근에는 코로나19 중증 환자들을 돌보는 파견간호사도 있다. 군에 있을 때는 보이지 않던 간호사의 다양한 역할들이 전역하면서 서서히 인식되었다. 보건교사도 마찬가지로 전혀 생각하지 않다가 미국 간호사 자격증을 위한 시험이 불발되는 바람에 관심을 가지게 되었다.

공부는 했지만, 미국 간호사 시험을 보지 못하게 되었다. 미국 간호사 시험을 보기 위해 미국으로부터 시험 승낙을 받아야 한다. 시간이 지났지만, 요청했던 시험 승낙 메시지는 결국 오지 않았다. 이것도 사람이 하는 일이기에 서류 누락이 생긴 것이다. 느긋하게 기다려 봤지만, 결과는 마찬가지, 한 해가 저물어가고 있었다. 결국 나는 어머님이 강력히 추천하던 보건교사 임용고시 시험을 준비하게 되었다. 어머님은 전역하기 전부터 보건교사를 추천하셨다. 사립 고등학교에 있는 형부에게 보건교사 자리를 알아봐달라고 부탁하기도 하셨다. 여러 번 사립학교 보건교사 자리를 접해보았지만, 사립학교 보건교사는 나의 자리가 아님을 매번 확인했었다. 그래서 더욱 미국 간호사 시험을 열심히 공부했다. 하지만, 사람의 일이 제 뜻대로 다 되는 것이 아니었다. 나는 2개월을 남겨두고 노량진 학원가를 찾았다. 본격적인 임용시험 준비를 위해서이다. 2개월 앞두고 나타난 나를 보고 아는 사람들은 코웃음을 쳤다. "임용시험이 그렇게 쉬운 줄 아냐."이라고 대놓고 면박을 주는 사람도 있었다.

임용시험은 2개월 공부해서 될 쉬운 시험은 아니었다. 나에게 코웃음 친 사람들을 나는 이해하게 되었다. 보기 좋게 임용시험에 떨어졌다. 사실, 안타깝지도 않았다. 제대로 공부를 했어야지 아쉬운 마음도 드는 것이다. 하지만, 오기가 발동했다. 떨어졌다는 그 사실이 조금은 억울했다. 왜냐하면 짧은 공부 시간이었지만, 나름대로 최선을 다했기 때문이다. 전공 시험은 무슨 배짱인지, 스터디공부 외에 학원 공부를 하지 않았다. 그래도 적지 않은 점수가 나왔다. 한 번 더 해보면 되겠다는 생각이 들었다. 미국 간호사 시험은 언제든 다시 할 수 있고, 보건교사 임용시험을 연이어 한 번 더 쳐보자고 결정했다. 떨어져서 하락한 자존감부터 먼저 세워보자는 생각으로 다시 보건교사 임용고시 준비를 하게 되었다.

미국 간호사의 꿈은 아직도 아쉬운 마음이 있다. 하지만, 그것이 나의 길이 아니었다고 지금은 생각한다. 미국 간호사 시험을 보지 못함으로 도전하게 된 2개월간의 임용고시 공부가 그다음 해 임용고시를 재도전하는 강력한 계기가 되었다. 지금은 보건교사가 될 운이었다는 생각을 한다. 그때, 미국 간호사 시험 승낙서가 와서 시험을 보고 운 좋게 미국 간호사 자격증을 취득하고 영어 공부해 훌쩍 한국을 떠날 수도 있었겠지만, 그런 삶 대신, 지금의 삶도 나는 만족하고 있다. 한국에 남았기 때문에 남편과 아이들도 만났다. 보건교사도 하고, 현재 작가도 되었다. 보건교사의 매력을 진작 알지 못했다. 미국 간호사 시험응시 실패라는 임팩트한 사건이 있었기에 보건교사라는 직업을 얻게 되었다. 미국 간호사 꿈이, 현실이 되진 못했지만, 그 꿈으로 인해 나는 새로운 현실을 살게 되었다. 미국 간호사의 꿈, 이것이 나를 보건교사가 되게 했다.

뜨개질하던 보건교사, 그것이 전부가 아니었다

하루에 보건실을 방문하는 학생 수는 대략 40명이 넘는다. 전교생 대략 730명 되는 학교에서 나는 현재 근무 중이다. 학급수로는 30학급. 교직원까지 모두 합하면 그 인원은 대략 830명가량 된다. 코로나19 상황이라 이번 주는 1학년이 원격수업으로 학교에 없는 상태이다. 밀집도를 낮추기 위해서 1, 2학년은 격주로 학교를 온다. 고3은 대입을 위해서 열심히 공부해야 하기에 매일 등교하고 있다. 대략 250명 정도 되는 1개 학년이 빠진 상태에서 하루 보건실을 찾는 인원이 40명을 넘고 있다. 보건실은 단지, 몸이 아프다거나 다쳐서 오는 곳이 아니다. 아이들의 쉼의 공간이 되었다. 초등학교는 아마도 보건실 방문하는 아이들이 더 많을 것이라 여겨진다. 공부해야 할 분량이 많아지고, 해야 할 역할이 무거워질수록 보건실에 대한 학교 구성원의 요구사항은 많아질 것이다. 보건의 역할이 점점 커지게 되는 것이다. 뜨개질이든 뭐든, 더 많이 그리고 더 효과적으로 일하기 위해 보건교사에게 휴식의 시간이 필요하다. 보건교사는 이런 쉼의 물리적 여유를 스스로 만들어 가져야 한다.

　중학교 때이다. 하루는 보건 선생님이 뜨개질 가방을 들고 있는 모습을 보았다. '얼마나 할 일이 없으면 뜨개질을 하는 것일까?' 어린 마음에도 그런 당돌한 생각이 들었다. 학교에 있는 선생님이라면 아이들을 위해 일을 해야 한다고 생각했다. 어린 마음에도 뜨개질하는 보건 선생님이 한심스럽게 여겨졌다. 그래서 보건교사에 대한 이미지가 좋지는 않았다. 그런 이미지를 쭉 가지고 왔지만 내가 보건교사가 되어 일하면서, 다시 생각해보니, 그때의 보건교사 모습이 다가 아니었겠구나 싶다. 오해한 듯하다. 그 당시, 내가 그렇게 잘못 판단한 이유가 있었다.
　우선은 나는 보건실을 잘 가지 않았다. 사실, 보건실이 어디에 있는지조차 잘 몰랐다. 아프면 가는 곳이 보건실이라고 당연히 그렇게 생각했다. 아프지도 않은데 병원을 가는 사람이 없는 것처럼 보건실은 아프지 않으면 가지 않는 곳이라 여긴 것이다. 중학교 때도, 고등학교 때도 물론 초등학교 때도 보건실은 나의 관념 속에 없었다. 뜨개질하는 보건 선생님을 보게 된 것도 보건실에서 본 것이 아니다. 내가 자주 오가는 길에서 매번 마주치는 선생님이 보건 선생님이라는 것을 알게 되었고 보건 선생님은 뜨개질 가방을 들고 보건실을 들어가곤 했다. 직접 뜨개질하는 것을 보진 않았지만, 그 모습이 너무나 선명해 계속 뜨개질하는 선생님, 보건 선생님으로 각인이 되었다. 내가 만약, 보건실을 자주 갔던 학생이었다면 그 보건 선생님의 처치하는 모습, 일하는 모습도 보았을 것이다. 어쩌다 보는 그 모습이 전부라는 오해를 하게 된 것이다.

지금은 생각한다. 그 사람의 입장이 되기 전에는 그 사람을 완전히 알 수 없다고. 보건교사로서 일해보니, 뜨개질할 여유가 없다는 것을 알겠다. 어쩌다가 보게 된 모습이었다. 아이들 소독과 처치는 기본적으로 하면서 행정업무, 또한 많다. 공문은 수시로 내려온다. 방학 때도 공문을 확인하고 집에서도 일해야 하는 상황이다. 학교에 있다면, 더 많은 행정업무를 처리해야 한다. 아이들 처지에서는 소독하고 연고 바르고, 밴드 붙이는 일이 아주 쉽고 간단하게 보일 것이다. 가끔 다쳐서 오는 아이들만 처치하는 아주 편한 선생님이라고 생각할 수 있다. 나도 그 어떤 학생으로부터 뜨개질하는 보건 선생님처럼 한심스럽게 보일 수 있겠다고 생각해본다.

가끔 선생님 중에서도 이렇게 말하는 경우가 있다.

"선생님은 얼마나 좋으세요. 교장 선생님처럼 사무실 하나 가지고서 혼자서 일하니, 수업도 안 하고 너무 부러워요."

일반 교사와 보건교사는 서로 비교할 수 있는 대상이 아니다. 왜냐하면 하는 일이 다르기 때문이다. 일반 교사가 수업이 기본업무라면 보건교사는 응급 대기와 아픈 아이들 처지가 기본업무가 된다. 수업하지 않는다고 보건교사가 일하지 않는 것이 아니다. 사실 보건교사가 학교에 혼자이다 보니 '건강' 관련된 업무를 알아서 판단해 처리해야 할 일이 많다.

일반 교사들이 직접 해보지 않고는 절대 이해하지도, 알 수도 없는 일인 것이다.

보건교사만의 가치는 무엇일까? 꼭 수업하지 않아도, 다른 사람의 눈에 열심히 일하는 것처럼 보이지 않더라도 보건교사만의 특별한 존재가치가 있다. 초등학교에서 보건교사는 대부분 수업을 많이 한다. 그에 반해, 대학입시가 코앞인 고등학교에서는 수업을 거의 못한다. 수업과 상관없이 보건교사로서 가시는 존재가치는 크게 3가지로 말할 수 있겠다.

첫째, 평상시든 응급상황이든 학교의 유일한 의료전문가

평상시에 발생하는 심신이 불편한 학생, 교직원이 생각보다 많다. 교육과정 중에 소소한 외상들이 생기는데, 과목마다 특성이 있다. 가장 많이 다쳐서 오는 과목 시간은 역시 체육 시간이다. 그리고 과학 시간, 기술 가정 시간, 미술 시간이다. 주로 몸을 쓰거나 기구, 도구를 사용하는 시간에 '아차'하는 순간에 다친다. 보건실에서 이런 학생들의 처치가 간단히 가능하기에 다른 학생들의 수업 결손 없이 계속 수업을 진행할 수 있다. 보건실이 많지 않았던 과거라면 이런 학생들을 병원까지 후송하는 번거로움에 시간 낭비가 발생했을 것이다. 사람이 모여있는 곳에는 항상 응급상황이 발생할 수 있다. 갑자기 이유 없이 쓰러진다거나 계단에서 발을 헛디뎌 발목이 회전되었다거나, 기타 등등 이런 경우 응급상황이 된다. 가끔 학교 내에서 심폐소생술을 실시해야 하는 상황도 발생한다. 병원 밖에서 발생하는 모든 응급상황이 역시 학교 내에서도 가능하고 유일한 의료인인 보건교사가 이런 일을 맡게 되는 것이다.

둘째, 존재함으로 인해 안정감을 준다.

집안에서 아이들은 엄마가 있으면 안정감 있게 자신이 하고자 하는 일들을 잘한다. 하지만 엄마가 옆에 없으면 괜히 불안하게 느끼고 하는 일에 집중력을 잃는다. 아이들이 다 그런 것은 아니겠지만 대부분 아이가 그렇다. 무슨 에너지가 있는 것이 분명한 것일까? 엄마의 존재감으로 긍정적인 에너지, 기운을 받는 것인지, 과학적 설명이 불가하지만 이런 현상은 쉽게 이해하는 부분이다. 학교에서도 이런 현상이 일어난다. 보건교사의 존재로 인해 이런 비슷한 현상이 일어난다. 보건교사가 출장 가는 날에는 왠지 불안감을 느끼는 사람이 학교 내 한, 두 명은 있을 것이다. 특히, 관리자 중에 보건교사의 부재를 학교 운영에 불안 요소로 규정하는 경우도 있다. 충분히 이해가 가는 상황이다. 하지만, 건강관리와 응급대처, 기타 보건 역량을 키우기 위해서 보건교사도 출장이 필요하다는 것을 인정하고 지원하는 분위기가 되어야겠다. 어찌하였든, 비록 보건실에서 그냥 있어만 주어도 안정감을 느낄 수 있는 존재임은 틀림없을 것이다. 앞으로도 절대 가볍지 않은 존재감을 나타내는 것이 바로 보건교사이다.

셋째, 편하게 상담 가능한 건강상담자

아파보면 궁금한 것도 많아진다. 본인뿐 아니라 가족이 아파도 그렇다. 그럴 때 가볍게 질문할 수 있는 의료인은 학교 내의 보건교사가 되겠다. 전공이 간호이기에 건강과 관련된 고민거리를 누구나 할 수 있는 것이다. 이것만으로도 보건교사는 학교 내 일반 교사들과 확연히 다른 위치에 있는 것만은 사실이다. 그 누군가에게 가장 중요하면서 가치 있는, 건강과 관련된 상담을 해줄 수 있는 것만으로도 보건교사의 가치는 작지 않을 것이다.

　보건교사란 존재는 그 자체로 가치가 있다. 보건교사란 직업을 가지고 일을 해보니 나는 제대로 알겠다. 다른 교사의 눈에는 수업이 없어서 편하게 보이고 사무실 하나 차고있어 세상 부러운 것이 없어 보이는 교사로 보이겠지만, 그것이 다가 아니다. 막상 보건 일을 해보니, 그 자리에 가보지 않고는 알 수 없고 보이지 않던 일들이 생각 외로 많았고 의료인으로 혼자서 외롭게 판단해야 할 고민거리도 역시 많았다는 것을 이제는 알겠다. 교사가 수업으로 고민할 때, 보건교사는 학교 건강을 지키기 위해 고민한다. 수업 중 다친 아이들을 치료하고 응급상황에서 발 빠른 대응을 하는 것은 눈에 보이는 단순한 일 중의 하나였다. 막상 보건교사가 되어보니, 어릴 때 본 뜨개질하던 보건 선생님을 조금은 이해할 것 같다. 뜨개질은 극히 일부의 모습이었고 뜨개질로 긴장을 완화하고 충전의 시간이 필요했다는 추측을 지금은 해본다. 외면적 그 모습이 다가 아니었다는 것을 인정하고 그분에게 쓸데없이 오해한 자신을 반성하며 누가 보든 안 보든 보건교사로서 학교 건강 지킴이의 역할에 충실하리라 다짐해본다.

내 인생, 잘한 선택 중 하나가 보건교사이다

친정을 다녀오니, 개학 날이 코 앞이다. 쉴 수 있고, 개인적인 일을 할 수 있는 시간이 훌쩍 가버렸다. 아쉽다. 여름방학은 1달 정도 된다. 하지만, 바쁜 일정으로 제대로 보낼 수 있는 기간은 10일 정도 내외인 듯하다. 복직 후, 나는 첫 방학을 맞았다. 4년 만의 복직이었고 복직을 하고 보니 코로나19 범유행 상황. 적응하는데 쉽지 않았다. 기존업무 파악도 시간이 꽤 걸렸고 새로운 코로나19 대응에 관련된 업무를 해내기에도 많은 에너지가 소모되었다. '한 학기 잘 보낼 수 있을까?' 스스로 의심이 들었다. 하지만 매일같이 노력하고 모르는 것은 공부하면서 근무를 섰다. 또한 여러 선생님의 도움이 있었기에 1학기가 크게 사고 없이 지나간 듯하다. 사실, 글로 쓰니 이렇게 담담하게 쓸 수 있지, 실제는 더욱 염려스러웠다. 어찌하였든, 1학기를 잘 보낸 나에게 맘껏 칭찬하고 싶다. 복직 후,

학교적응이 쉽지 않은 만큼, 방학 동안은 자유를 누리고 싶었다. 하지만 연로하신 어머님이 고향에 혼자 살고 계시기에 친정을 찾게 되었다.

집만큼 편한 곳이 없다. 어릴 때 말이지, 나이가 들고 보니 내 집이 제일 편하다. 친정도 어쩌다 가는 곳이기에 집만큼 편하지는 않다. 그런데도 친정을 가는 이유는 어머니와 함께 하는 시간을 늘리고 최대한 추억을 만들기 위해서다. 초등학생인 아이들 둘도 함께 갔다. 뒤늦게 태어난 손자, 손녀를 보시고 어머님은 행복해하셨다. 그 아이들이 벌써 초등학생이 되었다. 아이들과 나는 대략 10 일정도 친정에 머물렀다. 10일을 어머님과 함께 할 수 있다는 것은 내가 보건교사이기 때문에 가능하다. 다른 직장에 다녔다면 불가능했을 것이다. 다른 형제들은 이렇게 오랫동안 어머님과 함께 머무를 수가 없다. 이것 또한, 내가 어머니를 찾을 수밖에 없는 이유이다. 방학 동안 다른 일은 특별히 하지 못했더라도 어머님 곁에 오래 머물다 왔기에 그래도 잘했다 싶다. 최소한 10일간은 연로하신 어머님이 외롭지 않았을 것이기 때문이다. 항상 건강하시길 바란다.

내 인생을 생각해봤을 때, 긴 시간 친정 나들이처럼 정말 잘했다고 생각되는 몇 가지의 행동이 있다. 스스로 자신을 칭찬하고 싶은 부분이고 인정하는 부분이다. 내 인생에 큰 변화를 일으켰던 나의 과거 행동 베스트 3은 다음과 같다.

첫째는 인생 첫 책을 썼다는 것이다.

인생 첫 책을 썼기 때문에 나는 지금도 책을 쓴다. 책을 씀으로써 변화는 크다. 쓰기 위해 읽는 것을 매일 한다. 읽는 것을 하루 3끼 밥을 먹듯이 한다. 자연스럽게 책을 잡게 되고 특별한 각오 없이도 책을 읽게 된다. 습관이 되기 전에는 책 읽는 것도 하루 목표로 세워서 읽었다. 하지만 지금은 그렇지 않다. 쓰기 위해 읽는 것은 기본이 되기 때문이다. 읽음으로써 아이디어를 얻고 사례도 찾는다. 그래서 나는 독서 습관을 형성하기를 바라는 사람이라면 책 쓰기를 먼저 해볼 것을 권한다. 책을 쓰고 책을 읽기, 이 순서가 읽는 것도 가능하게 하고 쓰는 것도 가능하게 하는 핵심 비법이 된다는 것을 책을 씀으로써 알게 되었다. 직장 일에도 책을 씀으로써 도움이 많이 된다. 나는 4년 만에 복직했다. 복직하고 보니 모든 의사소통이 쓰기로 이루어졌다. 물론, 그전에도 그랬지만, 지금은 쓰기의 비중이 더욱 커졌다. 아침에 출근해서 가장 먼저 하는 것이 노트북을 켜고 다른 부서에서 전달된 메시지를 확인하는 것이다. 일할 때, 협조 사항이 있다면 메시지를 작성하여 교직원 전체로 해서 전달한다. 4년 만에 복직했지만 그래도 무난히 코로나19 대응을 하고 큰 실수 없이 업무를 할 수 있었던 이유가 바로 책을 쓴 경험 때문이라 생각한다. 1꼭지 글을 쓰듯이 메시지도 그렇게 작성하면 된다. 서론-본론-결론 식으로 핵심 내용을 먼저 명확히 전달하고 본론에서 구체적인 부분, 결론에서 다시 한번 강조하는 식으로 써서 공유하면 좀 더 쉽게 이해하는 메시지가 되어 협조에 도움이 된다. 책 쓰기 경험이 직장에서 빨리 적응하고 훌륭하게 일을 해내는데 알게 모르게 큰 영향을 미쳤다고 확신한다. 그래서 인생 첫 책을 쓴 것이 더욱 잘한 일이라 생각하고 있다.

둘째는 필리핀 세부살이를 했다는 것이다

1년 6개월간 필리핀 세부에서 살았다. 초등학생 저학년인 아이들 둘을 데리고 갔다. 큰아이가 초 3학년, 작은 아이가 초 2학년이었다. 알파벳도 모르던 아이들이 귀머거리 시간을 보내면서 조금씩 영어에 귀가 터였다. 나 또한, 영어라면 보통 한국 사람과 같이 외국인들을 보면 피하고 싶은 수준이었다. 그런 상황에서 나는 모든 것을 한 번 더 확인해야 했다. 집 계약을 연장할 때도 번역기를 켜고 일일이 확인했다. 아뿔싸, 그렇게 해서 부당한 계약서 내용을 확인하고 사인을 거절함으로써 경제적 피해를 막았던 일도 있었다. 외국 생활은 말이 제대로 통하지 않는 상황이라 한국에서 평범한 일도 10배의 노력과 에너지가 필요했다. 그런 생활을 하다 보니 끈기와 인내력이 생겼으며 무엇이든지 재차 확인하는 성격으로 변화가 일어났다. 이것 또한 알게 모르게 좋은 영향을 미쳐 보건 일을 할 때 매번 확인하게 되었다. 또한, 기록의 힘을 깨닫게 되어 업무일 거를 작성하고 있다. 일기를 통해서 놓치는 일을 줄이고, 실수를 최소화하는 효과를 얻게 되었다. 세부 살이 또한, 결국, 지금 직장 일을 하는 데 도움이 되고 있다.

셋째는 보건교사가 되었다는 것이다.

보건교사라는 직업이 시간이 지날수록 잘한 선택이란 생각이 든다. 어릴 때 형성된 잘못된 보건교사에 대한 이미지로 나는 보건교사라는 직업만은 갖지 않을 것으로 생각했다. 하지만 나는 보건교사가 되었고 보건교사에 대한 오해를 바로잡을 수 있었다. 누구나 직접 해보지 않은 일에 대해서 가타부타 말할 수 있는 것은 아니었다. 내가 보건교사를 내 인생에서 잘한 선택이라고 생각하는 이유를 3가지 키워드로 표현하자면 보람, 방학, 성장이다. 평생 영향을 미치는 아이들의 어린 시절에 영향을 미칠 수 있는 자리에 있다는 사실이다. 순수한 아이들, 이끄는 대로 성장하는 아이들이다. 그렇기에 더욱 책임감을 느끼고 보람도 느낄 수 있다. 방학 제도는 보건교사라는 직장인이지만 가정에도 충실할 기회를 준다. 어린 자녀들이 있다면 더욱 방학이 소중하다. 또한 성장하지 않으면 보건교사로서의 일을 하기 어렵다. 물론, 다른 직장도 마찬가지이지만 학교에 있는 보건교사는 더욱 그렇다. 배워서 소화해서 가르치고 공유해야 한다. 끊임없이 성장해야 하는 보건교사라는 직업의 환경이 개인의 성장과 만족을 위해서도 가치 있다.

보건교사가 나의 평생직업이 되었다. 보건교사가 나의 성장과 발전에 큰 자극제가 되므로 과거 어떤 직업보다 좋다고 생각한다. 보건교사, 도전할 여건이 된다면 꼭 도전하라고 권하고 싶다. 물밑에서 쉼 없이 물갈퀴를 젓는 오리처럼, 겉보기에는 편안해 보이지만, 소리 없는 전장과 같은 긴장감이 있고 그만큼 개인적 성장이 또한 가능한 보건교사는 매력적인 직업이다.

보건교사, 그 어떤 선택보다 잘한 선택이라 나는 생각한다. 대표적인 이유는 방학이 있다는 것, 학생들을 가르치는 보람이 있다는 것, 항상 성장을 향해 노력해야 할 여건 속에 일한다는 것이다. 아이들이 어린 나에게 방학은 정말 요긴한 시간이다. 방학이 없었다면 초등학생인 아이도 나도 숨통이 막혔을지 모른다. 방학을 통해 초등생인 아이들과 넉넉한 시간을 가질 수 있어 무엇보다 다행이다. 아이도, 나도 만족스럽다. 간호사이면서 엄마라면 보건교사가 최고 직업이 된다. 또한 개인적으로 가르치고 성장하는 것을 동기부여 받는다. 시대가 바뀌면서 보건교사가 해야 할 역할은 범위가 넓어지고 세밀해졌다. 그 역할 수행을 위해 스스로 더욱 노력해야 한다. 연수도 듣고, 책도 읽고, 글도 쓴다. 나에게 보건교사는 최고의 선택이었다.

제2장
보건교사의 기본은 'stand by'

아플 때가 따로 있지 않다

초등학교 6학년인 아들은 요즘 먹는 양이 많이 늘었다. 하루에 5끼도 먹는다. 현재 방학이라 할머니 집을 찾았는데 할머니 집에서도 여전히 왕성한 식욕을 자랑한다. 할머니가 해주시는 음식 중 김치찌개를 유독 좋아하는 아들. 어머니는 손자가 오기 전, 돼지고기와 김치를 넣고 기름에 색깔 좋게 볶은 뒤 육수를 붓고 맛나게 김치찌개를 한 솥 끓여 놓으셨다. 마늘을 듬뿍 넣은 할머니 표 김치찌개는 아들에게 세상 그 어느 곳에서도 맛볼 수 없는 최고의 음식이다. 할머니 집에 있는 동안, 김치찌개만 먹는 것이 아니다. 집에서는 맛보지 못한 할머니만의 요리를 다양하게 접하는 시간이 된다. 조청을 넣고 달콤하게 볶아낸 멸치볶음, 하얀 살이 맛난 가자미 튀김, 특별한 가지 반찬, 오이채 냉국, 고구마 줄기 김치,

기타 등, 마음껏 먹어도 질리지 않고 끝없이 입안으로 들어가는 가지각색 반찬들이 많다. 할머니가 화분으로 키운 유기농 채소들이라 더욱 맛나다. 아침에도 고봉으로 한 그릇 먹는다. 중간에 간식 먹고, 점심, 저녁도 어른 만큼이나 많이 먹는다.

하루는 아침을 맛나게 먹고 난 아들이 갑자기 배가 아프다고 울상이다. 너무 많이 먹어서 탈이 난 모양이다. 보통, 맛나게 먹는 음식은 탈이 나지 않는다고 했는데 꼭 그렇지도 않은 모양이다. 아들은 화장실을 들락거리면서 불편해했다. 아이들은 잘 먹을 때도 방심하지 말았어야 한다는 뒤늦은 후회를 했다. 좀 전까지만 해도 맛나게 잘도 먹던 아들이 금방 아프다고 하니 황당하기도 했다. 예측 불허, 아플 때가 특별히 따로 있는 것이 아니었다.

학교에서도 마찬가지이다. 고등학교이긴 하지만 학생들은 수시로 불편함을 호소하며 보건실을 찾는다. 보건실을 가장 많이 찾는 시간대는 물론 쉬는 시간과 점심시간이다. 수업 시간이 아닌 쉬는 시간, 이 시간에는 화장실도 다녀오고 조금 참았다가 보건실을 찾기도 한다. 점심시간에는 놀기에도 부족한 시간이라 진짜 문제가 있는 아이들이 이 시간에 찾는다.

학생들마다 보건실을 이용하는 이유는 여러 가지이다. 어떤 학생들은 특별히 아픈 곳이 없어도 찾기도 한다. 이런 아이들일 경우 주로 심리적인 문제가 있다.

고등학생이다 보니 밤늦게까지 아르바이트를 하고 피곤해서 찾는 학생도 있다. 이런 학생은 잠을 자기 위해서 보건실을 찾는다. 잠을 못 자서 눈이 휑한 학생을 돌려보낼 수가 없다. 학생들은 보통 하루에 한 시간 보건실 침대에서 쉴 수 있다. 1시간 이상 요양이 필요한 학생은 병원 방문을 권유하거나 담임선생님을 통한 조퇴를 권한다. 아르바이트를 한 학생 중 1시간 쉬고 컨디션이 좋아져 나머지 수업을 다 듣고 귀가하는 예도 많아서 아프지 않은 학생이지만 잠을 잘 수 있도록 한다. 보건실이 잠시 숙박시설이 되는 것이다. 이런 학생인 경우, 문제는 자주 잠을 자러 보건실을 찾는다는 것이다. 아르바이트를 꾸준히 하는 경우도 많으므로 학생은 피곤하면 보건실로 내려온다. 학생 성격에 따라 "1시간만 잘게요."라고 말하는 학생이 있는가 하면, "머리가 아파요, 속도 안 좋아요."라며 다른 핑계를 대기도 한다. 하지만 나는 학생 상황을 알고 있어서 그 학생에게 필요한 것은 잠이란 것을 파악하고 있다. 또한, 그 학생의 그 전 보건실 방문 이력을 봤을 때, '침상 안정'이 많은 경우, 그 학생의 문제 파악도 충분히 된다. 아르바이트로 인해 생긴 문제들은 근본적인 해결이 어렵지만, 그나마 보건실이 있어, 잠을 자서 기운 차려 공부를 할 수 있다면 보건실은 그것으로 충분한 역할을 한 것이라 본다.

　여학생인 경우, 생리통으로 자주 보건실을 찾는다. 산부인과까지 다녀온 여학생이 있었다. 주기적으로 병원에 다닌다고 한다. 생리 때마다 복용하는 병원 처방한 약이 따로 있다. 이 학생 같은 경우, 자궁의 발달이 여전히 진행 중이라 생리 때마다 통증을 유발한다고 산부인과 의사가 말했다고 한다. 이 학생뿐 아니라 아직 완전히 성인의 몸이 되기 전인 학생들이다 보니 이런 생리통을 많이 호소한다. 이런 학생이 보건실을 찾으면 속옷 위에 붙이는 뜨거운 핫팩을 주고 원한다면 생리통 약을 먹여 침대에 쉬게 한다. 1시간 정도 푹 쉬고 나면 대부분 아이가 편안해하고 교실로 돌아가 수업을 마저 받는다.

여학생 중 여자친구들 간의 문제들로 울면서 보건실을 찾는 경우도 종종 있다. 학교에서 가끔 벌어지는 따돌림이나 왕따로 마음의 심한 상처를 받고 온다. 이럴 때도 혼자서 조용히 쉬게 하는 경우가 가장 좋다. 한 시간 정도 푹 쉬고 나면, 그 어떤 위로보다도 효과가 있다. 인간은 어른이나 아이나 스스로 회복하는 회복탄력성이 있다는 것을 알 수 있다.

학생들이 보건실을 찾는 가장 흔한 이유는 외상이나 복통, 감기 같은 증상 때문이다. 외상은 주로 체육 시간에 운동하다가 다친 경우, 장난치다가 부주의로 상처가 난 경우, 과학이나 화학, 가정 시간 등, 주로 칼이나 실험 도구를 잘 못 사용하여 다친 경우이다. 보통 남학생들이 외상으로 많이 온다. 만약, 체육대회나 운동회, 행사가 있을 때는 아이들은 많이 다친다. 그래서 이런 행사 시에는 보건실에 있기보다, 야외 구령대나 별도 장소에서 상처 처치를 하게 된다. 물론, 만약에 있을 응급상황도 좀 더 신속하게 대응할 수 있는 장점이 있다.

학급 수가 많은 경우 보건교사는 여유시간을 가지기 힘들어진다. 학교마다 학급수의 차이가 크다. 학교 주변 여건에 따라서 학급수의 차이는 발생하는데, 보통 30학급 정도이면 한 학년에 250명가량 되고 전체 학생 수는 750명 정도가 된다. 이럴 경우, 하루 보건실을 찾는 인원은 40~50명가량 되어 바쁘다. 이런 와중에 병원 방문이 필요한 응급상황이 발생한다면, 1건 발생으로도 보건교사에게 쉽지 않은 하루가 될 것이다. 평상시

기본적으로 하는 학생 처치는 항상 고정적으로 있다고 생각해야 한다. 거기에다가 다른 업무들이 있기 나름이다. 우선순위를 정해서 실수 없이 학교 건강관리가 이루어지도록 해야 한다. 나름의 노하우가 필요하다. 경력이 쌓일수록, 보건교사로서의 노하우와 전문성이 커지게 된다.

학생들은 언제든지 보건실을 찾는다. 쉬는 시간, 점심시간뿐 아니라 수업 시간에도 자유롭게 찾는다. 참는 세대가 아니다. 표현하는 세대, 그 특성대로 불편한 것도 참지 않고 잘 표현한다. 사실, 나는 초·중·고등학교 다닐 때 보건실이 어디에 있는지조차 모를 정도로 보건실을 가지 않았는데, 요즘은 그렇지 않다. 불편하고 뭔가 도움이 필요하다면, 학생들은 주저 없이 보건실을 찾는다. 보건실을 찾는 이유도 다양하다. 보건실을 찾는 학생들의 특성도 과거와 달리, 특별히 구분이 없다. 예전에는 수업 듣기를 싫어한다거나, 뭔가 학교 부적응 학생들이 많았다면 지금은 그렇지 않다. 보건실은 자연스럽게 드나드는 편안한 휴게실과 같은 존재가 되었다. 보건교사는 언제, 어느 때든 학교 구성원이 보건실 문을 두드릴 수 있음을 기억해야겠다. 항상 스탠바이 마음가짐이 필요한 것이다.

점심시간, 보건교사는 더 바쁘다

학교의 점심시간은 누구나 여유롭게 쉴 수 있는 시간이다. 하지만, 보건교사에게는 예외이다. 이 시간에도 아픈 학생들은 여전히 발생한다. 오히려 아이들은 점심시간에 더 많이 보건실을 이용한다. 아이들 입장에서 가장 넉넉한 시간이 점심시간이기 때문이다. 점심시간, 나는 가끔 창밖을 내다볼 때 운동장에서 산책하는 선생님들을 보게 된다. 소화도 시킬 겸 건강도 챙기면서 삼삼오오 모여서 운동장 산책을 하는 모습이다. 잠시, 그것을 보고 있자면 부러워진다. 나도 함께 산책하고 싶은 마음이 생긴다. 하지만 그 마음을 뒤로 한 채 다시 책상에 앉는다. 처리해야 할 공문이 있기 때문이다. 요즘 같은 코로나19 시대에 공문은 수시로 내려오고, 하나하나 꼼꼼하게 읽지 않으면 안 된다. 차라리 일이 많아서 다행이다. 부러움도 잠시, 그 마음도 사라진다.

시험 기간에는 학교급식이 제공되지 않는다. 복직한 나는 모든 것이 낯설다. 1년, 2년 휴직이 아니다. 언제 시간이 이렇게 흘렀는지, 4년 동안이나 휴직했다. 아이들이 어리니, 복직하려다가도 포기하기를 여러 번 했다. 아이들은 열심히 키웠다고 생각했는데 여전히 초등학생. 내 나이에 비해 많이 어리다. 그래서 건강관리도 열심히 하고 몸에 좋은 영양제며 건강식품도 열심히 챙겨 먹으려 한다. 오랜만에 일을 하니 모든 것이 어리바리한 수준이다. 열심히 하려는 열정은 있지만, 그 갭을 채우기에는 아직 역부족이다. 시간이 해결할 것이다. 해결 가능한 문제는 그때그때 배우면서 해결하자고 여유롭게 생각하기로 했다. 복직 후 학생의 첫 시험 기간, 난, 학교급식이 없다는 것을 인지하지 못했다. 보통 학생들 시험은 3일이나 5일 동안 치른다. 보통, 중간고사는 3일 정도 보고 기말고사는 5일 정도 된다. 그것도 학년마다 조금씩 다르다. 미리 시간표가 나오니 출력해서 눈에 잘 보이는데 붙여두었다. 시험 시간표가 나왔지만 시험 기간, 급식이 없다는 사실은 안내하지 않는다. 너무나 당연한 부분이기 때문일 것이다. 급식이 없다는 사실을 시험 첫날에 나는 알게 되었다.

학교급식이 있으면 편하다. 가끔 도시락을 싸서 다니시는 선생님들도 있다. 아무래도 학교급식이 한참 성장하는 청소년의 신체 발달에 맞춘 식단이기 때문에 기름진 음식이 많다. 아이들의 입맛에 맞춰서 달콤한 음식도 있다. 성장을 마친 성인들이 먹기에는 고열량들이다. 그래서 급식 대신 집밥을 싸 와서 먹는 것이다. 나는 그럴 여유가 없다. 아직 아이들 어려서 아이들 깨워 먹이고 입혀 학교에 차 태워주고 출근하기에도 바쁘다. 도시락 쌀 시간에 나는 내 시간을 갖는다. 조금 이른 시간에 기상해서 내 삶의 에너지인 읽고 쓰는 것을 한다. 이것은 잠시라도 꼭 해야 한다. 나만의 삶의 활력소이다. 아이 어리고 바쁜 엄마들에게는 학교급식이 고맙다. 급식비를 지출하더라도 점심 굶지 않는 최고의 방법이다. 이런 소중한 급식이 시험 기간에는 없으니 부서별로 배달 음식으로 해결하기도 하지만 코로나19 상황이라 이것도 여유롭지 못하니, 도시락을 싸오든지 각자 알아서 해결한다.

시험 첫날 급식이 없음을 뒤늦게 알고 나는 빵집을 찾았다. 현재 코로나19 상황이라 오전에는 1, 3학년, 오후에는 2학년 방식으로 시험을 보고 있다. 1, 3학년은 시험이 다 끝나고 귀가한 상태라, 잠시, 빵이라도 사기 위해 빵집을 찾았다. 그래도 몰라서, 방역 요원 선생님에게 보건실을 잠깐 맡겼다. 혹시 학생이 오면 바로 전화 부탁한다고 이야기했다. 학교 바로 옆에 빵집이 있어서 빵을 사고 바로 오면 되겠다고 생각했다. 하지만, 빵집에 도착하자마자 전화가 왔다. 학교를 나온 지 5분이 지나지 않은 시간이다.

"선생님, 학생이 손가락을 칼에 베여서 왔어요, 어떻게 할까요?"
"어떻게 다쳤나요?"
"거즈로 지혈하고 있으면 바로 갈게요."

급히 계산하고 보건실로 들어갔다. 아이는 손가락을 조금 베였다. 지혈된 것을 확인하고 소독하고 연고를 바르고 밴드를 붙여주고 교실로 보냈다. 잠시 잠깐, 보건실을 비웠을 뿐인데, 학생들은 여전히 보건 선생님을 찾는다.

　잠시 잠깐의 휴식도 에너지 충전이 된다. 집에서 잠시 누워 쉴 때 피로감 해소에 많은 도움이 된다. 단, 5분, 10분 누워있어도 그렇다. 잠을 자지 않더라도 잠시 누워만 있어도 피로감이 가시는 느낌이다. 보통, 퇴근한 직후가 가장 피곤하다. 잠시 소파에 누웠다. 너무나 피곤해서 그대로 잠든 때도 있다. 하지만 그것은 아이들이 없을 때, 결혼 전의 일이다. 아이가 어린 일하는 엄마들은 퇴근하면 또 다른 일들이 기다리고 있다. 직장의 일보다 더 많은 일이 집안에 자신을 기다리고 있다는 것을 알고 있다. 퇴근하고도 눕지 못한다. 아이들을 챙기고, 급한 집안일을 마친 후에야 잠시 누워 쉴 수 있다. 나의 경우, 퇴근 시간과 아이들 영어 튜터 시간이 맞아서 퇴근 후 아이들을 감독할 겸 튜터하는 방에 들어가 잠시 누워 휴식을 취한다. 잠시 쉬는 시간이 너무나 달콤하다. 피로감도 가신다. 아이들 튜터하는 것도 보고 나도 한두 마디 듣기 공부도 하면서 휴식을 취한다. 그 시간이 최고이다. 잠시 잠깐 누워있어도 회복력이 크다는 것을 그때 느낀다.

　보건교사도 학교에서 이런 쉼의 시간이 필요하다. 급식 없는 시험 기간, 빵 하나 사러 가지 못할 정도로 항상 대기상태를 유지해야 하는 직업이 보건교사이다. 대기하는 것은 좋다. 하지만, 짧게라도 마음 편히 쉴 수 있는 공식적인 휴식 시간이 필요하다고 생각을 해봤다. 보통 점심시간이 1시간이지만 1시간까지는 아니더라도 30분 만이라도 보건 선생님 휴식 시간이라는 푯말을 당당히 걸어두어도 눈치 보지 않는 분위기가 형성되었으면 하고 바래본다. 잠시만의 휴식이라도 그 배 이상의 효과를 발휘할 수 있을 것이다. 30분이라도 공식적인 휴식이 주어진다면, 보건교사는 생산적이면서 만족스럽게 더 많은 일을 해낼 것으로 추측해본다. 엄마들이 집안에서 잠시의 휴식으로 아이들을 더 챙기고 집안일을 할 수 있듯이 보건교사도 그렇게 할 수 있을 것이다. 코로나19 팬데믹 시대이기에 공식적인 쉼의 시간이 더욱 아쉽게 느껴진다.

점심시간, 보건교사에게는 바쁜 시간이다. 아이들 입장에서 이 시간, 보건실을 이용하기에 가장 편안하고 여유롭기 때문일 것이다. 운동하다가 다쳐서 오고, 수업 중 참았다가 점심시간에 쉬기 위해서 오고, 갈 데가 없어 배회하다 오게 되고, 기타 등등, 이유도 각양각색이다. 보건실은 학교에서 아이들의 가장 애용하는 공간이 되었다. 그렇기에 점심시간은 보건교사에게 쉴 수 있는 시간이 아닌, 노동의 시간이다. 학교 구성원 누구나 쉬는 시간이란 의미의 점심시간이지만, 보건교사에게는 근무의 연장이다. 어쩌다가 일하는 시간이 아니다. 시대가 흐를수록, 그 역할이 커지고 중요도가 높아지는 보건 업무를 좀 더 효율적, 효과적으로 하도록 하기 위해서라도 보건교사에게 공식적인 쉼의 시간이 필요하겠다. 제대로 된 잠시의 휴식으로도 에너지를 충전 받을 수 있다. 점심시간뿐 아니라 항상 스탠바이 상태인 보건 업무의 특수성이 고려되어 보건교사들이 보건실이 아닌 다른 공간에서 단 10분이라도 마음 놓고 쉴 수 있도록 제도적 뒷받침이 이루어지기를 바란다.

전화번호와 행선지를 남겨라

전화번호를 간단히 남긴 메모 하나가 큰 역할을 한다. 큰아이가 좋아하는 야구모자가 있었다. 아들은 그 모자를 항상 쓰고 다닌다. 이니셜 'D'가 들어간 그 모자를 너무나 좋아해서 여름용, 겨울용으로 각각 구매했다. 여름이고 겨울이고 항상 쓰고 다니려 하니 그렇게 사주었다. 여름 모자는 확실히 시원하다. 망사 천처럼 모자의 일부분이 처리되어 있어 밖의 공기는 잘 들어오고 두피에 나는 땀 냄새나 모자 안의 나쁜 공기들을 잘 내보내는 역할을 한다. 더운 날, 그런 천이 없는 겨울 모자를 쓰면, 확실히 여름용 모자가 좋다는 것을 느낀다. 그렇게 애지중지하던 모자를 하루는 잃어버렸다. 음식점에 두고 왔는지, 놀다가 놀이터에 그냥 두고 왔는지 아들은 도무지 기억을 못 한다. 집에 와서, 울상이 되어 안절부절못하던 아들에게, 몇 시간 지나서 내 핸드폰으로 전화가 왔다. 초6인 아들이 아직 핸드폰이 없는 관계로 내 번호를 모자 안쪽에 적어두었는데 그 번호를 보고 누군가가 전화를 했다. 아들은 돌아가신 부모가 살아 온 듯 뛸 듯이 기뻐했다. 그때 알았다. 무심히 한 소소한 행동, 메모가 아들의 소중한 물건을 되찾게 했음을……. 그 뒤 물건을 사면 전화번호를 꼭 적어야 한다는 깨달음을 얻었다. 특히, 아이들의 물건에는 필수로 적으려 한다.

전화번호를 기록해야 하는 것은 물건뿐 아니라 강아지 목덜미에도 마찬가지이다. 동물을 좋아하고 항상 키우다 보니 나는 자연스럽게 알게 되었다. 애견 목걸이에 반드시, 주인의 전화번호가 필요하다는 것을. 애완견을 키우지 않거나 동물을 좋아하지 않는 사람은 잘 이해하지 못할 수 있다. 개를 좋아하고 좋아하지 않고 너무나 큰 차이가 난다는 것을 나는 매일 느끼기 때문에 잘 안다. 17년 살다가 별이 된 우리 집 애견 '모두'. 17년 동안 키웠지만, 남편은 '모두'를 좋아하지 않았다. 소신이 강한 것인지, 아님, 천성적으로 극복할 수 없는 강아지에 대한 혐오증인지 잘 모르겠지만 어찌하였든, 17년 동안 이름조차 부르지 않았다. 그냥 '개'였다. 저 '개', 이 '개', 남편에게 '모두'는 단지 개일 뿐이었다. '모두'는 똑똑했다. 남편과 함께 공존하는 법을 시간이 지날수록 깨달았다. 사람이 개를 이해하는 것이 아니라 개가 똑똑하여 사람을 이해해준 것 같은 느낌이 들었다. 그런 '모두'였기에 혹시 잃어버릴까 봐 나는 내 전화번호를 새긴 목걸이를 달아주었다. 지금은 미세한 칩을 목덜미 주변 살 속으로 주입하는 방법을 많이 사용하지만, 그 당시에는 그것도 학대처럼 느껴져서 하지 않았다. 똑똑해서 잃어버릴 일은 없겠지만 그래도 만일의 경우가 있으니 전화번호 적힌 목걸이를 달아주니 마음이 편했다. 어린아이에게 전화번호가 있는 목걸이나 팔찌를 달아주었을 때 안도감과 비슷한 느낌을 가질 수 있었다.

　학교에서 근무하면서도 보건실을 잠시 비울 때, 나는 전화번호를 남긴다. 전화를 못 받을 때를 생각해서 행선지도 남겨둔다. 간단한 전화번호와 행선지 메모의 위력을 알기에 잊지 않고 남기려고 한다.

　부재 시, 보건실 문 앞에 간단히 전화번호와 행선지를 남김으로써 얻게 되는 효과는 다양하다. 우선은 응급상황이 발생했을 때 빠른 대처가 가능하다. 응급상황은 언제든지 발생한다. 보건교사가 보건실을 지키고 있을 때만 발생하는 것이 아니다. 잠시, 다른 사무실을 방문해 애초의 생각 외로 머무는 시간이 길어질 수도 있다. 7시간 보건실에 있다가도 단지, 10분 자리를 비운 사이에 응급 학생이 발생할 수 있는 것이다. 7시간 근무 잘 섰더라도 단, 10분 자리 비워 응급 대응을 제대로 못 한다면, 보건교사로서의 소임을 다했는지 의심을 받을 수 있다. 이것에 대해서 그 누구도 말하지 않을지라도 스스로 좌절감이 생길 수도 있다. 물론, 열심히 대응했다고 하더라도 노력이 물거품처럼 무산되어 허망할 수도 있겠지만 이렇게 간단히 전화번호와 행선지를 남기면 최대한 적절한 대처가 될 것이다. 시기적절한 대응으로 아이들의 건강을 지킬 수 있을 것으로 생각한다.

　응급상황이 아니라도 학생과 교직원은 도움을 급하게 필요로 할 때가 있다. 예를 들어 갑자기 생리를 시작할 경우이다. 생리가 질환이나, 응급 상황이라고 볼 수는 없다. 하지만 생리대가 없다면 아주 난처하게 된다. 이럴 때도 보건실을 급하게 찾게 되는데 보건교사가 없다면 낭패감을 느낄 것이다. 학생일 경우, 친구들한테 빌리는 것도 창피한 일이고 또 내성적인 학생이라면 빌리는 것 자체가 엄두가 나지 않는다. 응급은 아니지만, 급하게 도움이 필요한 경우에 보건교사의 전화번호나 행선지가 문앞에 메모가 되어 있다면 안도할 것이며 무사히 도움을 받을 수 있을 것이다.

　보건교사 부재 시나 급히 사용할 때를 대비해 비상약품을 각 학년교무실에 비치한다. 보건교사도 다른 일반 교사들처럼 교육청 출장이 있다. 보건교사회 정기적 모임이나 연수를 위해 부득불 출장 신청하고 자리를 비우게 된다. 이런 때를 대비해서 평상시, 항상 비상약품 함을 학년교무실이나 일반 교무실에 비치해둔다. 각 학년 교실은 층별로 배치되기 때문에 층마다 비상 약품함 1개씩은 비치되어 있다고 볼 수 있는 것이다. 학생도 교사도 바쁘기에 보건실이 있는 2층까지 내려오기도 시간적 여유가 없는 경우가 많다. 이럴 때 각 층에 있는 비상 약품함은 유용하게 이용된다. 1년에 2번, 1학기, 2학기 시작할 즈음, 비상약품 함에 소비된 약품을 다시 채워 넣어 정비해준다. 비상 약품함의 약과 외상 치료제는 선생님들도 수업하다 보면 다치는 경우가 종종 있어서 보건실을 찾지 않아도 스스로 소독하고 연고를 바르고 밴드를 붙여 간단히 해결하고 바쁜 일을 계속할 수 있다. 선생님들도 비상 약품함이 각 교무실에 비치되어 있어 도움이 된다고 말한다.

전화번호를 남기면 보건교사도 볼일을 편안하게 볼 수 있다. 점심 식사 시 오히려 이런 메모를 남겨서 여유롭게 식사하게 된다. 보건교사의 식사 시간은 조금 빠르다. 왜냐하면 학생들이 점심시간에 주로 보건실을 찾기 때문이다. 급식실을 갈 때도 전화번호와 급식실이란 목적지에 대한 메모를 보건실 문 앞에 남긴다. 그러면 학생들이 그 메모를 보고 급하면 급식실로 찾아오기도 하고 급하지 않고 조금 있다가 다시 와도 되는 문제라면 시간이 지난 후 다시 방문한다. 선생님 식사가 끝날 때까지 기다려주는 배려는 고등학생들이라서 가능할지 모르겠다. 여러 번 학생들이 불러 식사가 중단되기도 하지만 그래도 이것이 마음이 편하다. 보건교사의 존재 이유는 아픈 아이들을 시기적절하게 처치하는 것이기 때문이다.

간혹, 사생활을 침해받는 것 같아 메모 남기기가 꺼려지는 마음도 있다. 아무리 학교이지만 사생활도 존중받아야 한다. 그런 마음으로 일거수일투족을 남기기 싫은 감정도 있기 마련이다. 하지만, 학교에서는 학생의 건강이 우선이라고 생각해 보자. 학생들 건강을 먼저 챙기고 나의 사생활도 챙기면 된다. 잠시 자리를 비울 때만 메모를 남기고 다시 보건실로 돌아오면, 바로 메모지를 제거하면 된다. 출장을 갈 때도 특별히 전화번호와 행선지를 남기지는 않는다. 그때는 교사 전체에게 간단히 교내 메시지를 보낸다. 보건교사 부재 시, 대리 선생님도 미리 선정해두었기에 크게 무리가 없다. 보건교사 부재 시, 대부분 담임선생님이 아픈 반 아이들을 챙기게 되는데 자식과 같은 아이들을 알뜰살뜰 잘 챙긴다.

전화번호와 행선지 메모를 보건실 문 앞에 남기면 좋다. 잠시 자리를 비우더라도 유용한 방법이 된다. 학교 구성원뿐만 아니라 보건교사 자신에게도 도움이 된다. 학생뿐 아니라 학교에 있는 모든 사람이 수시로 보건실을 이용하는데, 급하게 보건실을 찾았을 때, 하필 보건교사가 자리에 없으면 낭패감이 들것이다. 급한 환자일 경우, 시간의 지체로 위험한 상황이 발생할 수도 있다. 간단한 문 앞 메모는 응급상황 및 기타 급한 상황 대응을 위해서 아주 요긴한 방법이 되는 것이다. 보건교사 자신도 급할 경우 전화가 온다고 인지하고 있어서 안심하고 보건실 밖에서의 할 일을 할 수 있다. 간단한 전화번호와 행선지 메모가 효과적임을 알게 되었고 활용할수록 유용함을 느낀다. 지금은 포스트잇으로 간단히 메모한 종이를 컴퓨터 화면 밑에 붙여두었다가 급히 나갈 때 떼어서 보건실 문 앞에 붙이는데, 이제는 좀 더 견고한 물건으로 메모를 남길 수 있는 도구를 구매해야겠다고 생각하고 있다.

시기적절한 응급대처,
아무리 강조해도 과하지 않다

아들의 무릎에 큰 흉터가 있다. 엄마인 나는 속이 상한다. '그때, 병원에 데려갈걸'하는 후회의 마음이 두고두고 남는다. 그 상처를 볼 때마다 그렇다. 아들의 나이가 4살쯤, 어린이집에서 다쳐서 귀가했다. 어린이집에서 소방서 견학을 나갔고 소방서에서 다쳤다고 했다. 저녁에 보니 밴드로 간단히 붙여져 있었다. 선생님도 특별한 이야기가 없었고 나는 대수롭지 않게 생각했다. 하지만, 간단하게 밴드로 붙여져 있던 그 상처를 확인했어야 했다. 보통 상처는 24시간 이내에 꿰매라고 한다. 그래야 흉터를 최대한 줄이고 치유가 잘 된다. 시간은 흘러 하루가 지나서 나는 그 상처를 확인하게 되었다. 딱 봐도 병원에 가서 봉합수술을 간단히라도 받아야 했을 상처였다. 하지만, 시간이 지났고, 나는 집에 있는 파우더 마데

카솔을 뿌려주고 그렇게 매일 치료했다. 하지만 노력했지만 결국, 커다란 흉터로 남았다. 시기적절한 치료가 필요했었는데 그것을 못 했기 때문에 아들은 흉터를 평생 가지게 되었다. 물론, 얼굴이 아닌 무릎이라 다행이지만 엄마 처지에서는 볼 때마다 속상하고 아쉬운 마음이 생기는 것은 어쩔 수가 없다.

　중학교에서 근무할 때이다. 하루는 학생이 배가 아프다면서 왔다. 보건실에서 근무서면서 제일 난처할 때가 학생들이 배가 아프다고 할 때이다. 배가 아픈 이유는 여러 가지가 있겠다. 아니, 수도 없이 많다. 원인도 매우 많지만 느끼는 강도도 다르고 표현하는 정도도 학생마다 다르다. 정말, 병원에 가서 진료가 필요할 정도라도 참는 학생이 있는가 하면 조금만 아파도 굉장히 아프다고 표현하는 학생도 있다. 말하는 것을 제대로 이해하려면, 그 학생의 성격부터 파악하는 것이 맞다. 예민한 성격의 학생인지, 웬만한 것은 덤덤히 참고 넘기는 성격의 학생인지. 하지만, 많은 학생을 알 수 없고 그렇게 파악할 시간적 여력도 없어서 보통 통상적으로 표현한다는 전제하에서 학생들의 배 아픔을 해석한다. 이날 온 아이는, 배가 아프다고는 했지만, 많이 아프다고 표현하지 않았다. 일단, 보건실 침대에 눕히고 아이를 관찰했다. 주기적으로 아이의 안색부터 시작하여 아픈 부위, 그 전과 지금의 차이가 어떤지, 여러 번 질문하면서 아이의 상태를 지켜봤다.
　결국 학생을 병원으로 보내기로 했다. 시간이 지날수록, 왼쪽 배에서 오른쪽 배 쪽으로 통증이 이동하고 속도 안 좋다고 해서 일단은 병원 진료해야겠다고 판단했다. 먼저 담임교사에게 연락했다. 학생 상황에 대해서 자세히 설명했다. 학생이 보건실에 언제 왔으며, 지금 상황은 어떠하니 병원 진료를 위해 부모님께 연락을 취하는 것이 좋겠다고 말했다. 담임교사가 바쁠 경우 보건교사가 학부모에게 연락해도 되지만 일차적으로 연락하는 것은 담임교사가 하는 것이 좋다. 아무래도 담임교사이 학부모와 신뢰감 형성이 더 잘 되어 있기 때문이다, 만약에 있을 수 있는 오해를 줄일 수 있다. 아이가 아플 경우 부모는 예민해지므로 담임이 학부모의 감정을 수용하면서 연락해주는 것이 경험상 좋다는 것을 알게 되었다. 담임교사가 보건실에 와서 학부모에게 연락하고 의학적인 궁금점이 있는 경우, 보건교사를 바꾸어서 부모와 통화할 수 있도록 하는 것이 가장 합리적인 방법이라고 할 수 있겠다.

이 학생은 그다음 날 맹장염 수술을 받았다. 앞에서도 이야기했듯이 아이마다 통증에 대한 표현이 다양하므로 별로 아프지 않은 것처럼 표현해도 잘 관찰해야 한다. 이 학생은 마음을 잘 표현하지 않아 판단하는데 애로점이 있었지만, 시차를 두고 관찰한 것이 매우 유용했다. 다음날 수술했다는 이야기를 듣고 천만다행이란 생각을 했다. 유심히 관찰했기 때문에 맹장염이란 응급상황을 놓치지 않고 잡았다는 생각에 안도감이 들었다.

이밖에 응급상황이라면 주로 심정지, 발작, 추락, 저혈당 쇼크, 등이 있다. 이 중, 학교에서 내가 직접 경험한 상황은 발작이다. 발작이라면 주로 간질에 의해서 발생한다. 근무하는 학교마다 꼭 1~2명은 간질 학생이 있었다. 학기 초 건강조사를 통해서 이런 학생들을 파악하고 요주의 관찰자 대상자명단에 넣는다. 병원에서 진료후 처방받아 약을 먹는 경우 발작 증상은 거의 사라지지만 약물을 복용하지 않는 학생이면 발작 증상 가능성을 배제하면 안 된다. 그래서 진료를 받아서 약물복용을 할 수 있으면 하라고 권한다. 발작하고 나면, 심리적으로 위축되고 한참 예민한 나이에 학교생활을 하는데도 지장이 생기게 되기 때문이다.

보건실에서는 발작을 대비해서 필요한 물품을 따로 준비해놓았다. 나무 설압자를 2~3개 겹쳐서 거즈로 감아 혀가 기도 안으로 말려 들어가는 것을 예방하기 위해 미리 준비 했다. 하지만, 최근 정보로는 설압을 하는 대신에 환자 자세만을 옆으로 눕혀서 기도 폐쇄를 예방하라고 한다. 설압자가 오히려 이차적 피해를 줄 수 있다는 이유인데, 시대적으로 매뉴얼은 달라질 수 있어서 자세한 부분은 다시 한번 확인함이 필요하겠다. 기타 보호 장비나, 안정을 취할 수 있도록 하는 기구들도 준비해둔다. 최근에는 좋은 약들이 개발되어 발작하는 학생은 많지 않다. 그래도 만일에 있을 수 있는 상황을 위해 항상 물품 준비와 함께 발작 대응에 대한 마음가짐이 필요하겠다.

심정지도 항상 염두에 두어야 할 응급상황이다. 언제 어떻게 심정지 사태가 발생할지 모른다. 심정지에 대한 연수는 해마다 당연히 받아야 하고, 심정지 상황 시나리오를 구성해보고 마음으로 상황 대처를 반복해서 연습해야 한다. 나는 병원에서도 경험하지 못한 부분이라, 만약, 그런 상황이 되면 어떻게 대처할까 염려스럽기도 하다. 뉴스에 어린 아들이 집에서 쓰러져 있는 아빠를 구하고 택배기사가 운전하다 길을 가던 할아버지가 쓰러지는 장면을 목격하고 심폐소생술로 구했다는 소식을 들었지만, 개인적으로 나는 병원에서도 심폐소생술을 해보지 못했다. 운이 좋은 것인지 나쁜 것인지. 간호사 출신이지만, 실제 한 번도 경험하지 않은 것이다. 지금 상황에서는 과거 병원에서 근무할 때 한 번이라도 경험했다면 좋았을 것이고 생각해본다. 이 점에서도 우리가 느낄 수 있다. 과거에는 비록 힘든 일이었을지언정, 그것이 미래에는 좋은 일일 수 있다는 것을. 그런 시각으로 업무에서도 힘든 부분도 지혜롭게 잘 넘길 수 있으면 좋을 것으로 생각한다. 어찌하였든, 다양한 연령대가 공존하는 학교라는 환경에서 심정지 상황은 언제, 어느 때나 발생할 수 있는 초응급 사태로 인지하고 더욱 철저히 준비하는 것이 중요하겠다.

추락사고도 간혹 발생했다. 지금은 창문에도 안전 바를 설치한 학교가 대부분이라서 낙상사고는 거의 발생하지 않는다. 과거 추락의 주원인은 청소할 때, 창문 밖으로 나가서 유리창을 닦다가 발생하거나 장난으로 창문 밖으로 나가는 경우 생각지도 못하게 '아차' 하는 순간 발생한다. 요즘 생길 수 있는 추락 유형은 계단에서 발을 헛디뎌 떨어져 내려오는 경우를 생각할 수 있다. 창문 밖의 추락에 비해 천만다행인 상황이지만 이 상황에서도 심할 경우 여러 가지 신체적인 해를 입는다. 이렇듯, 만일의 사태를 대비해서 항상 응급체계를 정비해두고 상황 발생 시 즉각적으로 대응한 후 119구조대의 도움을 받을 수 있도록 한다.

당뇨 학생인 경우도 학교당 1~2명 정도는 있다. 당뇨병은 평생 관리해야 할 병이다. 학생은 자신의 병에 대해서 자세히 잘 알고 있다. 요즘, 인슐린 주사 맞는 학생들도 특별히 보건교사의 손이 가지 않을 정도로 관리를 스스로 잘한다. 하지만 간혹 있을 수 있는 저혈당 쇼크 증상에 대해

준비를 해두어야 한다. 주기적으로 학생을 불러 안부를 묻고 당뇨병 관리를 잘하고 있는지? 저혈당 응급상황을 대비해서 사탕이나 음료수를 항상 소지하는지 체크하고 지도한다. 이때 주의할 부분은 아이들이 아직 학생이다 보니, 자존심이 상하지 않도록 조심해야 한다. 또한 당뇨병에 대한 두려움이 생기지 않도록 교육해주는 것이 좋다. 보건교사도 인간이다 보니, 응급대응을 하고 만성질환이 있는 학생들을 대할 때 너무 걱정스러워하거나 부정적인 시각으로 대하는 경우가 있다. 이런 부분은 보건교사로서는 좋은 태도가 아니다. 힘든 상황이라도 격려가 될 수 있도록 긍정적인 마인드로 학생이나 교직원을 대하고 그 긍정적인 마음이 좋은 결과로 이어질 수 있도록 하는 것이 중요하다고 생각한다. 당뇨병을 앓는 학생은 평상시 우울감을 가지고 있을 수 있는데, 긍정적인 마음으로 자신의 병을 받아들이고 평생 병과 함께 친구처럼 살아도 크게 문제없음을 인지하게 정서적으로 지지하면 좋을 것이다.

보건교사는 항상 응급상황을 염두에 두고 근무를 선다. 보건교사라면 누구나 공감하는 부분일 것이다. 학교에 있지만, 의료인 신분이기에 또한 병원 근무 경험이 있어서 지금 당장 건강한 사람도 갑자기 응급상황으로 빠질 수 있음을 안다. 그런 의료인의 관점으로 보건 업무를 한다. 일반 사람과 보는 관점이 다른 것이다. 선생님은 아이들을 어떻게 잘 가르칠 것인가란 관점을 가지듯이 보건교사는 어떻게 건강하게 별 탈 없이 학교생활 잘할 수 있도록 도울 것인가의 관점이다. 특히, 응급상황 대응에 대한 특별한 마인드를 가졌다. 심정지는 요즘 어느 곳에서나 발생하는 상황인지라, 이것에 대한 대응 시나리오는 항상 갖추고 있다. 교육도 받고, 교육도 하면서 계속 반복 연습 중이다. 상황 발생 때 즉각적으로 행동을 취할 수 있도록 스스로 단련한다. 기타, 다른 응급상황도 마찬가지. 학교의 특수성을 고려해 일어날 수 있는 응급상황 목록을 작성해보고 잊지 않도록 가끔 시뮬레이션한다. 즉각적이고 시기적절한 응급대응, 아무리 강조해도 지나치지 않기 때문이다.

판단력, 보건교사에게 가장 필요한 능력이다

육아휴직 기간 중 나는 필리핀에 다녀왔다. 아이들 둘을 데리고 필리 핀 세부를 갔었다. 그곳에서 아이들은 사립학교에 다녔고 나는 학교 바 로 옆 빌리지에서 책을 썼다. 지금도 그때를 생각하면 너무나 행복한 시 간이었다. 내가 원하는 책 쓰기를 맘껏 했고 아이들은 영어에 흠뻑 빠지 는 시간이었다. 아이들 처음에는 어려워했지만 어린 만큼 적응도 잘해서 그때의 경험으로 지금은 영어가 가장 재미있는 과목이라고 말한다. 아 이들은 어리기 때문에 엄마를 따라서 필리핀에서 생활할 수 있었다. 초 등 고학년만 되어도 혼자만의 세계가 생기면서 엄마, 아빠를 잘 안 따라 다닌다고 한다. 초등 저학년 때까지가 어디든 데리고 다닐 수 있는 유일 한 시기인듯하다. 그 시기에 아이들을 데려가서 평생 남을 색다른 경험 을 하도록 했다는 것을 나는 잘했다고 생각한다. 나 자신도 그곳에 있는

1년 반 동안 책을 맘껏 쓸 수 있었다. 주변에 아는 사람도 없고, 현지인과는 의사소통에 불편감이 있었기에 혼자서 지내는 시간이 많아서 자연스럽게 더 쓰게 되었다. 생각 외로 많은 수확을 올려서 지금도 뿌듯한 마음이다.

처음 세부를 갈 때가 생각난다. 가족과 지인들은 필리핀에 가는 것을 반대했다. 위험한 그곳을 왜 가느냐고 질문했다. 어떤 사람은 언어도 자유롭지 못한데 굳이 힘들게 가려고 하느냐고 나를 설득하려 했다. 나도 고민이 되었다. 일단, 영어가 자유롭지 못했고 필리핀이란 나라에 대해 좋지 못한 선입견이 나 역시 있어 염려되었다. 결단을 내려야 했다. 누가 대신 결정을 해줄 수도 없는 상황이다. 엄마이기에, 스스로 판단해서 결정을 내려야 했다. 엄마는 아이의 인생에 영향을 미치는 결정적인 환경일 수밖에 없다. 어느 정도 커서 스스로 판단하면서 살 수 있을 때까지 엄마의 판단이 아이한테나 가정에 그대로 영향을 미친다는 사실을 인지하고 있었다. 그래서 오랫동안 고심을 했고, 결국 나는 필리핀 세부를 가기로 결정을 내렸다. 세부를 다녀와서 지나온 시간을 되돌려보니 나의 판단이 옳았다고 생각한다. 나는 아이들과 함께 필리핀을 다녀와서 아이도 나 자신도 긍정적인 삶의 변화를 얻게 되었다. 그때 필리핀 세부살이를 포기했다면 나의 삶을 변화시킨 소중한 깨달음과 배움을 얻지 못할뻔했다.

보건실에 근무서면서 보건교사는 판단력 있게 행동해야 한다. 시의적절하게 판단하지 못하면 낭패가 되는 경우가 있다. 보건 업무에서 중요한 일 중의 하나는 건강검사를 준비하고 시행하는 것이다. 보통 건강검사는 고1일 경우 병원 검진을 시행하고 고2, 3학년일 경우 학교에서 건강검사를 실시한다. 작년 코로나19 팬데믹 상황으로 고1 학생의 검사가 전반적으로 유예되어 올해는 고2, 고1 학생들이 병원 검사를 하고 고 3학생만 학교에서 검사하게 되었다. 고등학생은 결핵 검사를 시행하여 별도검사로는 결핵 검사포함, 소변검사, 시력검사가 있고, 키, 몸무게 측정도 시행한다. 키, 몸무게 측정은 측정기가 있는데, 이 기계는 길고 민감하여 고장이 잘 난다. 그래서 자동신장 측정기를 이동할 때는 특별히 앞과 뒤를 한 명씩 잡고 조심히 운반해야 하고 사용 후에도 바로 반납하도록 해야한다. 키, 몸무게는 측정 후 담임선생님이 팝스 입력을 하면 보건교사는 그 자료를 끌어와서 나이스에 입력하는 시스템으로 되어 있다. 측정 시, 팝스 담당 선생님이 보건실에 있는 측정기를 빌려서 이동하는 경우가 많다. 우리 학교에서도 이동하였고 5층 체육실로 옮겼다. 하지만 코로나19 상황으로 측정이 지체되게 되었고 반납도 늦어지게 되었다.

키, 몸무게 자동측정기는 결국 고장이 났다. 수거를 위해 통화하는 중에 자동측정기가 잘 작동되지 않는다는 사실을 알게 되었다. 그래서 학생들과 함께 보건실로 이동해서 확인해보니 작동이 되었다가 안 되었다가 불안전한 상태였다. '아뿔싸!', 자동측정기가 한 개뿐인데, 참 난감했다. 안 좋은 느낌이 빗나갔으면 좋으련만 조금 불길한 느낌이 들었었는데, 그 예감이 여지없이 맞아떨어졌다. 판단오류였다. 그런 느낌이 들때 바로 조치를 했어야 했는데, 후회스러움이 밀려왔다. 일단, 수리하는 것으로 노력해 보기로 하고 기계에 적혀있는 전화번호를 눌러보았다. 없는 전화번호로 나온다. 기계 자체가 좀 연식이 되다 보니, 이런 생각지도 못한 상황이 또 발생했다. 어떻게 해야 하나? 잠깐 생각한 후 114에 문의를 해보기로 하고 전화를 하니 다행히 기계의 회사 전화번호를 알 수 있게 되었다. 우여곡절 끝에 연락되어 수리 방문을 접수했다. 접수하고 수리하고 또 품의 결재 올리고……. 수리가 잘 되면 좋겠지만 그것도 염려되는 상황이다. 보건교사는 보건과 관련된 물품관리에도 신경을 써야 한다. 고가인 의료장비나 물건이면 특히 더 관리에 신경을 써야 하고, 아차 하는 순간 고장으로 연결될 수 있어서 조심히 관리하는데 시기적절한 판단력이 필요하다.

어떤 담임교사가 전화를 했다. 반에 있는 어떤 학생 1명의 아버지가 기침 증상이 있어서 가정에서 코로나19 개인용 신속 항원 검사 장비로 검사를 해보니 양성이 나왔다는 것이다. 해당 학생도 바로 집으로 보내 보건소 검사를 받도록 했다는 것이다. 보통 가족이 확진을 받으면 초밀접 접촉으로 다른 가족도 확진을 받을 가능성이 그 어떤 상황보다 커진다. 이런 상황은 코로나19 확진 상황과 비슷한 수준으로 대응을 해야 한다는 생각으로 나는 일단, 교직원 메신저로 상황을 공유하는 것이 좋다고 판단했다. 이야기식으로 딱딱하지 않으면서 좀 더 자연스럽게 상황인지가 될 수 있도록 '보건 일기'에 미리 문구를 작성해보았다. 보건 일기라고 파일을 만들어 두고 그날 해야 할 일과 중요한 일들, 기타, 근무서면서 필요한 내용, 기억해야 할 내용, 기타 무엇이든지 적는 용도로 사용한다. 결과는 내일 나온다. 전쟁을 치를 준비를 미리 해야 한다. 필요한 서류도 미리 챙기고 마음의 준비도 한다. 저번 확진자 발생했을 때는 학교에 선별진료소를 설치하여 보건소 직원이 방문해서 2학년 학생 전체와 관련 있는 교직원들, 300명 이상 정도 검사를 받았다. 이번에는 접촉 상황을 보고 판단할 것 같은데 연휴 뒤이고 학생은 2시간 정도 학교에 있다가 귀가한 상태라 그때처럼 선별진료소까지 설치하지 않아도 될 것으로 예견되었다. 그래도 긴장하면서 다음 날 아침을 맞았는데, 다행히 음성이 나왔다.

2-3반 학생 관련 일이 완전히 끝났다고 생각하는 차에 1-8반 담임선생님이 다시 보건실을 찾아왔다.

"선생님, 2-3반 학생 엄마가 1-8반 엄마를 만나 집에서 커피를 마시며 3시간 동안 함께 있었다고 해요. 그래서 보건소에서 1-8반 엄마에게 밀접접촉자이기에 자가격리 통보를 내렸고 전 가족 검사를 받으라고 연락이 왔다고 합니다."

2-3반 학생처럼 아주 긴장된 상황은 아니지만, 충분히 학생은 확진이 될 수 있는 상황이었다. 코로나19 전염 예방에 마스크가 중요한 역할을 하고 있다는 것을 현장에서 느낀다. 그런데 마스크를 벗는 커피타임이 전염으로 바로 이어질 수 있다. 학교 역학조사에서도 급식을 같이 한 학생과 교직원은 밀접접촉자로 분류를 한다. 이번 상황도 전체 교직원에게 상황공유를 할지 말지 고민이 되었다. 확진 전 상황공유를 자주 하다 보면 학교 분위기가 어수선해질 수 있다. 아무래도 코로나19 확진 진단 가능성이 있다고 할지라도 긴장감을 조성하는 것이기에 교직원들이 감정

적으로 불편할 수 있는 것은 사실이다. 하지만 장점도 있다. 상황공유를 함으로써 코로나19 전염 예방과 대응에 효과적이다. 다른 학교 일도 아니고 우리 학교의 상황이기 때문에 피부로 느껴진다. 일단, 교직원들의 마음가짐이 전쟁 준비 모드로 바뀐다. 평상시보다 확진자 발생은 긴박감이 돌기 때문에 전시상황에 비유한다. 빠르게 대응해서 일사천리로 검사, 보고, 소독까지 진행된다. 학생들을 직접 관리하는 담임교사는 학생들의 방역수칙 준수를 강조한다. 그리고 무엇보다 스스로 방역수칙을 잘 지키려고 노력하게 된다. 이런 점을 고려하여 결국 나는 이틀 연달아 코로나19 확진 예상 상황을 공유하기로 판단을 내렸다. 다음날, 음성이란 판정이 내려졌지만 얻은 것이 없는 것은 아니다. 학교 내 교직원들은 코로나19 감염예방에 대한 중요성을 더욱 인지하는 계기가 되었을 것이다.

보건교사는 냉철하고 정확한 판단을 하기 위해 심혈을 기울여야 한다. 건강과 관련된 업무이다 보니, 보건교사의 판단력이 학교 전체 건강에 직접적인 영향을 미친다. 보건 영역이 범위가 넓어 모든 것에 관여할 수는 없겠지만 중요한 핵심 부분은 놓치지 말아야 한다. 제대로 잘 판단하기 위해 항상 고심하는 습관을 갖도록 해야겠다. 앞의 두가지 사례를 들어 이야기했지만, 의료기구는 건강관리에 중요한 요소이기에 고장 날 상황을 미리 방지해야겠다. 신종전염병인 코로나19 확진자 발생 직전 상황공유는 간단히 메시지 전송으로 쉽게 할 수 있으면서 그 효과가 상대적으로 크다는 점 인식해야겠다. 전염병 대응은 결국 혼자서 하는 것이 아니기 때문에 원활한 집단적 대처를 위해서 상황공유는 꼭 필요한 부분이 될 것이다. 자주 메시지를 보내면 좀 싫증이 나는 면도 있지만, 그래도 전염병 예방과 대응에 반복적인 공유와 교육이 시기적절한 전염병 관리에 도움이 된다는 것을 인지하고 요즘처럼 기세가 꺾이지 않는 코로나19 상황에서는 수시로 소통하는 것이 중요하겠다. 일하다 보면, 나름의 노하우가 생기게 된다. 감염병 관리와 대응의 노하우를 바탕으로 빠르게 판단하는 능력을 매일 연습한다는 생각으로 보건 업무를 처리하면 좋을 것이라 여겨진다.

내 건강을 지켜야 남 건강도 지킨다

대학 선배로부터 연락을 받고 식사를 함께하기로 했다. 선배는 학교에서 1년 계약으로 기간제 보건교사를 하고 있다. 만나기로 한 식당에 도착해보니 이미, 선배는 동기분과 함께 나와 있었다. 학교 다닐 때 뵙지 못한 선배였다. 그분도 내가 다니는 인근 학교에서 보건교사로 일하고 있다고 했다. 한 가지 이상한 부분은 그 선배는 머리에 모자를 쓰고 있었고 얼굴이 푸석푸석한 것이 꼭 환자 같은 모습을 하고 있었다. 그분이 화장실을 간 사이, 나는 선배에게 물어보았다.

"선배님, 저 선배님은 어디 아프신가요? 얼굴색이 좀 안 좋아 보여요."

"응, 유방암 3기야. 요즘 건강이 좋아져서 학교에 출근하고 있어."

막상 유방암 환자라는 이야기를 듣고 나니 너무 안 되었다는 생각이 들었다. 주위에서 유방암 진단을 받은 경우는 종종 봤다. 나 또한, 주기적으로 촬영을 하고 있다. 비록 물혹이라고 하지만 몽우리들이 많다는 것을 이미 오래전에 알고 있는 터라 1년에 한 번씩은 촬영한다. 남 일 같지 않다. 무엇보다, 보건교사가 유방암에 걸려 아프다고 하니 더욱 안타깝다. 잘 완쾌되어 건강회복 하고 보건 업무도 잘하기를 간절히 바랐다.

집안에서 엄마가 아프면 집은 난장판이 된다. 특히, 아이들이 어리다면 더욱 그렇다. 나는 가끔 허리가 아플 때가 있다. 대학 때 이미 '디스크' 진단을 받았다. 디스크, 정확한 진단명은 '추간판 탈출증', 이 추간판 탈출증이 꼭 꾀병 같다. 자세가 안 좋았을 때 급작스럽게 증상이 나타난다. 한번은 운전하고 난 뒤에 차에서 내리다가 허리를 삐끗했고 그 이후로 걷지를 못했다. 어기적어기적, 경우 집안까지 들어가서 방바닥에 드러누웠다. 아이들은 무슨 일이냐고 걱정스러운 듯 쳐다보았다. 엄마는 정말 아프면 안 된다. 며칠 누워있었더니 아이들도 집안도 점점 피폐해져 가는 듯했다. 집안은 어지러워졌고 식사도 제대로 하는 것 같지 않았다. 아빠가 엄마의 자리를 채워주기는 하지만 엄마 같지 않다. 남편도, 퇴근 후 아이들 챙기고 청소하고 그동안, 안 하던 가사 일을 하려니, 말은 못 해도 죽을 맛이었을 것이다. 마누라의 소중함을 톡톡히 느끼지 않았을까 싶다. 소중함을 느끼는 것은 좋은데, 갑작스러운 날벼락인지라 남편이 안 되어 보였다. 문제는 먹는 것이다. 한참 크는 아이들, 잘 챙겨 먹여야 키도 클 것인데, 엄마로서 걱정이 되었다. 먹는 것, 입는 것, 사는 것, 주변 모든 것들이 엄마 손 하나 없어진다고 3일 만에 완벽히 부정적인 방향으로 변화되었다. 학교에서도 보건교사가 아프다면 여러모로 많은 사람이 불편해질 것이다.

보건교사하면 건강의 상징처럼 느껴진다. 스스로 나는 건강하고 건강해야 한다고 생각한다. 그러니, 다른 사람들은 더욱 그렇게 생각할 것이다. 보건교사가 아프다는 자체를 이상하게 생각할 수도 있다. 요즘 나는 온라인으로 성희롱 성폭력 고충 상담원 연수를 받고 있다. 무려 30시간, 없는 시간을 쪼개서 하루에 2, 3챕터씩이라도 듣고 있다. 거의 마지막 챕터에 고충 상담원들의 애로사항과 부담감에 대해 언급하면서 질문을 받는 챕터가 나온다. 고충 상담원은 직장 내 성 관련 사안이 발생했을 때, 상담하고 중재하며 성희롱 성폭력 고충 심의 위원회를 개최하여 간사 역할을 하면서 사안이 적절히 처리될 수 있도록 하고 향후 성희롱, 성폭력 사건이 더 이상 일어나지 않도록 조직문화개선에 적극적으로 중요한 역할을 하는 사람이다. 그런데 고충 상담원을 대상으로 성희롱을 하는 행위자가 있을 수 있다는 사실에 깜짝 놀랐다. 실제 그런 사건이 있었는지, 그런 상황에 대처하는 방법에 대해서 나온다. 정말 생각지도 못한 내용이다. 고충 상담원도 사람이기에 충분히 일어날 수 있다. 사건, 사고에 예외는 없는 것이다. 건강에서도 예외는 없다. 누구나 병에 걸릴 수 있고, 보건교사도 역시 병이 걸리고 건강을 잃을 수 있다.

보건교사가 건강하지 못하다면 학교에선 어떤 상황이 벌어질까? 함께 식사한 유방암 진단을 받은 선배를 생각하면서 상상해보았다. 우선은 내가 그 선배를 안타깝게 보았듯이 다른 교직원들도 그렇게 볼 것 같다. 그리고 조심스러워할 것이다. 학교라는 환경에서는 다른 부서와 조율해서 함께 일해야 하는 것들이 많다. 고유 업무 외에 협조체제로 해야 할 일들이다. 지금처럼 세계적 코로나19 팬데믹 상황일 경우 코로나19 업무를 혼자서는 할 수가 없다. 보건이 꼭 해야 하는 일들은 보건이 하되, 다른 부서에서 할 수 있는 일들은 나누어서 함께 학교 내 코로나19에 대응하고 있고 그것이 가장 합리적인 대응 방법이라 할 수 있다. 그런데, 보건교사가 아플 경우, 이런 업무 조율이 쉽지 않다. 최소한의 업무만 보건에 배당하게 될 것이다. 주변 사람들 배려의 측면으로 그렇게 조정이 될 가능성이 크지 않을까 생각한다. 그렇다면, 주변 사람들이 또 업무 부담감이 늘어나게 될 것이다. 일부러 그러는 것은 아니지만, 아프게 된다면 그런 상황이 될 수 있다.

또한 보건교사가 병중에 있기에 교직원이나 학생들이 보건실 방문이 조심스러워질 것이다. 학생들은 자세한 내막을 잘 모를 수 있지만, 교직원들은 대부분 알게 된다. 그래서 크게 아프지 않다면 보건실을 찾는 대신에 혼자서 간단히 해결하려 할 것이다. 보건실은 보건교사의 역량에 따라 분위기가 많이 달라진다. 너무 친절해도 부작용이 있다. 하지만 너무 불친절해서는 더 큰 부작용이 생긴다. 적절한 중도의 태도로 신속, 명확하게 일 처리하는 모습이 보기도 좋은데, 아프다면 방문자가 줄 수도 있어, 그런 모습을 보여 줄 기회조차 줄어들게 된다.

아프면 가장 힘든 사람이 바로 자기 자신이다. 주변에서 불편하고 힘들더라도 본인만큼은 힘들겠는가? 본인 몸조차 주체하기 힘든데, 다른 사람을 생각할 여유가 생기지 않는다. 일도 최소한의 일, 꼭 해야 할 일, 중요한 일 위주로 하게 될 것이다. 주변을 돌아볼 여유가 없다. 4년 만에 복직해 보니, 모든 업무체계가 변화되었고 혁신적으로 발전해서 너무나 낮설게 느껴졌던 복직 초기의 나는 적응하기 위해 중요한 일 중심으로 하자고 생각했다. 코로나19 상황이니, 코로나19 예방과 대응을 가장 우선시했고, 그다음에 보건 본연의 업무 중 놓쳐서는 안 되는 것, 꼭 필요한 일을 목록으로 작성해서 하나씩 실천하고 지워나가는 방식이었다. 코로나19 공문이 쏟아지더라도 코로나19 우선시하는 업무원칙이 있었기에 그래도 여유를 가지고 할 수 있었다. 만약, 내가 몸이 아프면 이런 방식의 업무처리가 주가 될 것이다. 핵심 위주 업무처리 방식이 나쁘지 않지만, 시간이 지나도 변화 없이 똑같게 된다. 핵심이라는 일부의 일만 하게 된다는 의미이다. 여유가 생긴다면 내 주변도 돌아보고 도울 일이 있다면 돕고 그렇게 직장 일을 할 수 있지만, 건강을 잃으면 그렇게 하기는 쉽지 않게 된다.

　보건의 주 업무가 건강관리 및 건강 유지인 만큼 보건교사는 먼저 스스로 건강해야 한다. 건강하지 않으면 다른 사람의 건강을 도울 수 없다. 아픈 병색으로 보건실에 있다면, 다른 교직원과 학생들은 보건실을 방문하기에도 미안스럽게 느껴질 것이다. 보건실이 힐링의 장소가 되어야 하는데 그 역할을 제대로 하지 못하게 된다. 건강을 챙길 시간이 부족하다면 보건실 안에서라도 걷기 운동을 해라. 좁은 공간이지만, 50바퀴, 100바퀴 돌다 보면 몸에 열감을 느낄 정도로 운동이 된다. 비타민도 챙겨 먹어라. 자꾸 잊어버리는 나이가 되었다면, 업무 시작과 함께 비타민을 먹는다는 원칙을 세우고 실천해보자. 보건교사는 자신만의 건강관리법을 가지고 있어야 한다. 책 1권 분량도 채울 수 있을 정도로 건강 관리하는 방법에 대한 노하우를 가지도록 노력해야겠다. 보건교사가 건강을 잃으면 학교 건강은 누가 지켜줄 것인가? 내 건강부터 챙겨야 남 건강도 챙길 수 있다는 사실, 꼭 마음에 새겨두고 바쁘더라도 건강도 지키며 여유롭게 보건 일을 하도록 하자.

한 템포 늦춘 쉼의 시간을 스스로 정해라

나는 새벽에 일어나려고 한다. 새벽 시간에는 엄마로서가 아니라 나 자신으로서 시간을 가질 수 있기 때문이다. 읽고 싶은 책도 읽고 글도 쓰면서 오로지 나만의 시간을 가진다. 그 시간은 많으면 2시간, 적으면 1시간, 어떨 때는 30분이다. 일어나는 시간에 따라 그 시간은 결정된다. 보통 6시쯤 일어나면 1시간 정도 가질 수 있고, 1시간을 당겨서 5시쯤 일어난다면 넉넉히 2시간 30분은 가질 수 있다. 어떤 목표가 생기는 시점에는 4시에 기상해서 최대 3시간까지 활용할 때도 있었다. 하지만, 지금은 단지, 1시간 30분에서 2시간만 활용해도 나는 에너지를 얻는다. 새벽 시간, 자체만으로도 충만한 시간이다. 그 시간을 인생 목표를 향해 뭔가를 실천하는 시간이 된다면 더욱 기분 좋고 개운하게 하루를 시작할 수 있다. 나에게 최고로 좋은 쉼의 시간이 바로 새벽 시간이다.

새벽 시간을 오로지 나의 시간으로 활용하면서 변화가 생겼다. 우선은 저녁 시간을 낭비하지 않게 되었다. 사실 새벽 기상의 비법은 새벽이 되기 전의 시간인 저녁 시간을 잘 보내는 것이다. 새벽에 일찍 일어나겠다는 목표가 생기면 저녁 시간을 소비하지 않게 된다. 처음에는 이 사실을 잘 인지하지 못하다가 새벽 기상을 여러 번 실패하면서 깨닫게 된다. 누군가가 새벽 기상의 비법을 알려준다면 더욱 빠르게 실천할 수 있겠지만 스스로 알게 된다. 새벽 기상을 위해 저녁 시간을 알뜰히 보내고 일찍 잠자리에 든다. 10시나 11시쯤 취침에 들어도 괜찮다. 12시 넘겨 잘 때도 많았었는데, 새벽을 위해 그 정도의 시간에는 자게 되었다. 또한 새벽 시간에 내가 주로 하는 일이 읽고 쓰는 것이기에 나 자신을 발견하는 기회를 얻게 된다. 나이가 들어도 진정, 내가 어떤 사람인지 잘 모른다. 내가 정말 좋아하는 것, 내 인생 모든 열정을 쏟아 이루어내고 싶은 것이 무엇인지 모른다. 새벽 시간 읽고 쓰다 보면, 나 자신과 내가 할 일에 눈을 뜨게 된다. 그래서 더 진지하고 성실하게 삶을 살아가게 되고 그러므로 값진 결과물들도 가지게 된다. 새벽 독서와 글쓰기로 나는 직장을 다니면서도 계속 책을 쓰고 있다. 새벽이란 쉼의 시간이 있었기에 가능하다고 생각한다.

보건교사의 업무 중에도 이런 쉼이 필요하다. 보건교사는 쉬는 시간이 특별히 없다. 점심시간, 보통은 특별한 일이 없다면 쉴 수 있다. 근무 자리를 떠나 학교 주변을 산책하기도 하고 휴게실을 이용하기도 한다. 나는 복직한 지 7개월이 다 되어가지만, 여교사 휴게실 비밀번호도 잘 모른다. 한두 번 이용하기는 했지만, 코로나19 방역물품을 놓을 자리가 보건실에 부족해서 그곳에 이동시킬 때 잠시 들어가 보았을 뿐이다. 그때도 메모한 번호 키를 찾아서 들어갔다. 그 뒤로 이용할 짬이 없었다. 여교사 휴게실을 이용할 일은 앞으로도 계속 없을 것 같다.

보건교사의 근무환경 중 좋지 않은 부분이 있다면 보건실을 떠날 수 없다는 사실이다. 아픈 사람이나 보건교사의 도움이 필요한 사람들은 언제든지 보건실을 찾는다. 그래서 될 수 있으면 보건실을 지키려고 한다. 점심을 가더라도 전화번호를 문 앞에 남긴다. 식사 중에 급한 학생이 식당을 찾아 식사가 중단되기도 했다. 급하지 않은 학생은 돌아올 때까지 보건실 앞 의자에 앉아 기다린다. 대기 의자와 같은 역할을 하는 의자가 있어 다행이다 싶다. 사실 그런 목적으로 놓은 것은 아닌 것 같은데, 그래도 앉아서 기다릴 수 있는 의자 같은 것이 있어서 편하게 식사하고 온다. 출근해서 퇴근할 때까지 보건실에 있다 보니, 피곤해진다. 보건교사의 피로감은 아마도 다음과 같은 원인에 의해서 생기지 않을까 생각해본다.

첫째, 근무시간 내내 주로 아픈 사람을 상대해야 한다.

보건의 일을 하는 것이지만 다양한 사람을 만날 기회가 많지 않다. 아픈 아이들, 아픈 선생님을 보고 있으니, 스스로 힐링의 시간이 필요하다. 병원처럼 중증인 환자가 있는 것은 아니지만 보건실을 자주 찾는 아이들은 자세히 들여다보면, 마음의 상처와 여러 문제를 가지고 있는 경우가 많다. 집안 식구들 간의 불화가 있는 아이들도 있고, 학교생활을 잘 적응하지 못해 학교 있는 시간이 지옥 같은 아이들도 있다. 표정에 그런 문제들이 드러나는 경우가 많은데 그런 아이들을 데리고 이야기해보면, 참,

이런 집에서 어떻게 견뎌냈을까? 하는 기막힌 사연의 학생들도 있었다. 학교에서 힘들어하는 아이들도 마찬가지이다. 고등학교에서 사회성이 부족하다고 다른 아이들과 무조건 어울리라고 조언할 수도 없는 것, 아이의 성향을 파악하며 아이가 잘 적응할 수 있도록 격려하고 꾸준히 관찰한다. 그리고 언제든 보건실을 찾을 수 있도록 편안한 마음이 되도록 도와준다. 마음과 몸이 편치 않은 학교 구성원이 찾는 곳이 보건실이고 도움을 주는 역할을 하는 사람이 보건교사이기 때문에 보건교사는 스스로 힐링할 시간이 필요하다고 할 수 있겠다.

 둘째, 보건실에서 쉼의 경계가 없이 일을 한다.

 제대로 쉬려면 근무지, 근무 책상을 잠시라도 떠나야 한다. 나는 평상시 집에서 글을 쓸 때 주로 식탁에서 쓴다. 식탁 뒤쪽에는 부엌이 있다. 새벽에 글을 쓰면서 나는 식구들이 먹을 음식을 만든다. 밥도 하고 국도 끓인다. 멸치 육수를 내서 아이들이 좋아하는 계란국도 끓인다. 글을 쓰다가도 서너 번 부엌을 왔다 갔다 한다. 부엌 근처를 떠나야 부엌일을 안하게 된다. 지금, 나의 작은 소망 중의 하나는 오로지 글만 쓸 수 있는 방을 하나 가지는 것이다. 집필실이라고 거창하게 생각할 것도 없이 책이 둘러 꽂혀있고, 책상 하나, 의자 하나 있더라도 다른 일을 하지 않고 글만 쓸 수 있는 공간을 원한다. 보건실에서 쉰다는 것도 거의 불가능할 수 있다. 보건실에 있으면 아이들도 찾아오고, 해야 일도 눈에 보이기 때문이다. 쉴 수 있는 나름의 방법을 찾아보아야 한다. 건강을 유지하기 위해서, 보건 업무를 더 잘하기 위해서 보건교사는 쉴 수 있는 안전장치를 비공식적으로도 마련해야 한다.

　셋째, 앉아서 일할 경우가 많다.

　여차하면 응급처치를 해야 하는 보건교사는 보건실을 지키면서 주로 앉아서 일한다. 점심시간만이라도 운동장 산책을 잠시 할 수 있지만, 점심시간에는 아이들이 보건실을 더 많이 찾는다. 대기하면서 앉아 일하는 근무 환경과 관련된 건강상 문제가 발생할 수 있다는 점 인지해야 한다. 소화불량은 물론이고 과체중의 위험도 있다. 보건교사는 어쩔 수 없다고 생각하지 말아야 한다. '퇴근하고 운동하면 되지.'라고 안이하게 미루지도 말아야 한다. 8시간 이상의 긴 시간을 그렇게 보낸다는 것은 분명 건강상의 문제를 발생할 수도 있는 시간이기에 보건실에서라도 스트레칭과 운동이 필요하다. 짧은 시간일지라도 건강을 지키는 유익한 시간을 보낼 것이다.

　보건교사에게도 쉼의 시간과 공간이 필요하다. 건강 유지, 증진의 업무가 주 업무이기에 보건교사는 건강에 문제없다고 생각하지만, 사실은 아닐 수도 있다. 사실, 간호사 집안에 중환자가 더 발생할 수 있다는 말이 있듯이 본인의 소소한 증상을 대수롭지 않게 넘긴다. 그래서 병을 키운다. 보건교사는 남의 건강을 지키는 건강 지킴이로 살다 보면 정작 자신의 건강에 관심을 덜 갖는다. 현재, 코로나19 상황이라 더욱 건강관리가 요구되는데, 현실적으로 당장 휴식 시간을 가질 수 없다면 보건교사 스스로 그런 시간을 임의로 정함이 필요하겠다. '나는 점심시간이 지난 2시부터 잠시 손에서 일을 놓겠다.', '나는 3시부터 잠시 쉬겠다.'라고 시간을 정하고 그것을 루틴으로 만들어보자. 비록, 보건실을 떠날 수는 없지만, 나름, 쉼의 시간을 규칙으로 정하고 실천하다 보면 분명 건강에 도움이 될 것이다. 그 시간이 루틴이 된다면 뇌는 시간에 맞추어 휴식 시간을 가지게 될 것이라 본다. 한 템포 늦춘 시간을 통해서 중요한 시점인 이 시기에 더욱 건강하게 보건의 역할을 잘 수행하게 될 것이다. 심신의 건강도 잃지 않게 될 것이다. 코로나19 상황이 지나면, 보건교사에게도 하루 30분이라도 근무지를 떠나 쉴 수 있는 공식적인 휴식 시간을 가질 수 있는 대책이 마련되길 기원한다.

직장 일기로 업무 효율을 높여라

오늘 할 일

1. 방역물품 비치할 목록 작성하기 (   )

2. 약품 품의하기 (   )

3. 코로나19 시대, 교직원 성희롱 교육 방법 모색하기 (   )

업무를 시작하기 전 나는 하루 할 일을 메모한다. 실천계획에 가까운 이 간단한 메모가 업무에 많은 도움을 준다. 우선순위를 정해서 꼭 해야 할 일 3가지를 적는다. 현재는 코로나19 상황, 주로 코로나19 관련 업무가 많다. 방역물품은 각반 교실에 배치된 방역물품에 관련된 사항이다. 손소독제, 소독제, 장갑, 마스크, 기타 매일 하는 일상 방역에 필요한 물품을 교실마다 배치한 상태로 그 목록을 다시 정리한다. 그리고 1장짜리로 목록을 코팅해서 만들어 교실에 따로 배치해야 할지를 생각 중이다. 따로 관리하지 않으면 자주 분실되는 경향이 있어 무용지물이 되는 경우가 있기 때문이다. 그것에 대해서 오늘 생각하고 판단하려고 메모를 남겼다. 약품 품의는 1년에 2번 한다. 1학기 한번, 2학기 한번, 약품 품의 시에는 미리 예산을 책정했다. 30학급인 우리 학교인 경우, 250만원을 책정한다. 학생들이 주로 보건실을 찾는 이유에 근거해서 필요한 물품을 찾는다. 여름에는 주로 벌레 물린 것, 소독제, 연고제를 많이 사용하고 겨울에는 감기 학생이 많은 관계로 감기약을 많이 구매한다. 학기별로 구매하는 물품이 달라진다. 약품 품의는 시간을 두고 필요한 물품을 정한다. 대략 1주일 정도 시간을 두고 기록해서 구매결재를 올리고 결재가 완성되면 업체에 전화 신청이나 이메일을 통해 주문한다.

교직원 성희롱 교육 시행도 또한 코로나19 전보다 많이 어려워졌다. 학교에서 교직원을 대상으로 성희롱 1회 이상, 1시간 이상 해야 한다. 코로나19 전에는 외부 강사를 초빙해서 한 곳에 모여 강의를 듣게 했다. 하지만 대면할 수 없는 상황인지라 교육 방법에 대해 고민하고 있다. 먼저, 다른 학교는 어떻게 하고 있는지 알아봐야 할 것이고, 두 번째로는 학교마다 특성이 있어서 학교에서 다른 부서에서는 이런 의무교육을 어떻게 하고 있는지도 알아봐야 할 것이다. 코로나19 상황으로 온라인 교육이 적응된 지금, 다소 편한 점도 있지만, 대면을 못 하는 애로사항과 불편함도 분명히 있다. 얼굴 보고 강의를 들을 때 확실히 강의 효과는 높아진다. 온라인 교육일 때, 그런 부분이 몹시 아쉬워진다. 어떤 계획을 추진하기 위해서 실무자는 세세히 신경 써야 할부한 부분이 많고 미리 알아보고 따로 준비해야 할 부분이 많다.

출근 후, 해야 할 일을 메모하듯이 일할 때도 수시로 메모한다. 나는 이것을 '직장일기'라고 이름 붙였다. 일기를 써본 지 오래되었지만 나는 지금도 내 개인사를 노트북에 남긴다. 파일 하나 만들어서 특별한 일 위주로 기록하고 간단히 내 느낌이나 감상, 생각을 적는다. 형식은 필요하지 않다. 먼 훗날, 그것을 다시 볼 수 있을지, 없을지도 생각하지 않는다. 그냥 적는다. 직장에서도 직장 일기를 그렇게 적기 시작했다. 4년 만에 복직해 보니, 여러모로 변화가 많다. 나는 그만큼 나이가 들었다. 4년 전의 몸의 상태가 아니었다. 뇌 상태도 그만큼 기능적인 면에서 떨어진다고 판단된다. 사람이나 기계나 시간이 지나면 노후해지는 것은 자연스러운 일이다. 자연스러운 그 일을 한탄할 필요는 없다. 그런 부정적인 감상에 적어있기보다는 나는 메모하기 시작했다. 메모 방법은 간단하다.

직장 일기를 쓰는 나만의 방법은 특별하지 않다. 우선, 출근하자마자 오늘 직장에서 해야 할 일 3가지를 적는다. 일이 3가지만 있어서 3가지만 적는 것은 아니다. 많은 일 중에 이것 3가지는 오늘 꼭 하고 퇴근한다는 의미로 기록한다. 다하지 못하더라도 80% 이상은 완성하고 갈 것이라는 의지를 메모로 표현한다. '오늘 할 일'을 메모하기 시작한 이유가 복직 후 너무나 막막해서였다. 뭔가 일은 많은 것 같은데, 기록을 하지 않으니까 그것이 무엇인지 모호했다. 기록을 함으로써 해야 할 일이 선명하게 보였다. 그 맛을 알기 시작하면서 무조건 3가지를 기록하기 시작한 듯하다. 시간이 지나면서 약간의 작은 습관처럼 되었다. 그래서 3가지를 적지 않으면 일을 시작하지 못하는 이상한 나만의 징크스까지 생겼다. 또한 일하는 중에 새롭게 알게 된 사실을 기록했다. 복직하니, 가장 많이 변한 것이 시스템의 변화, 즉 기술적인 측면의 발전이었다. 4년 전에는 학교 내에서만 교직원 간 메시지 송수신이 가능했다면, 지금은 경기도 전체 교직원과 메시지 송수신이 가능하다. 참 놀라운 발전이다. 이런 기술적인 변화들에 대한 기록은 필수로 한다. 그리고 새롭게 느낀 점이나 새로운 인지들을 다 기록한다. 기록이 습관이 되면, 기록하는 것에 대한 부담감이 없다. 누구한테 검사받는 것 아니니, 내가 적고 싶은 대로 적으면 된다.

또 기억해야 할 부분을 기록한다. 업무량이 많아서 할 일들을 그때그때 기록하지 않으면 잊어버린다. 잊지 않기 위해서 직장 일기장에 기록한다. 아주 사소한 것들이라도 기록하고 옆에 체크할 수 있는 체크 괄호를 만들어놓으면, 퇴근할 때 한번 훑어보고 비어있는 괄호를 발견하면 다시 확인하고 사소하지만 중요할 수 있는 그 일을 챙긴다. 체크하지 않은 괄호를 보고 마지막에 챙기게 될 때 나는 천만다행이라 생각한다. 기록으로 나는 좀 더 성실하게 열심히 일하는 보건교사가 될 수 있음에 안도한다.

퇴근하기 직전 나는 마지막으로 기록을 남긴다. 그것은 내일 할 일이다. 출근이 있으면 퇴근 시간이 있고, 그 시간에는 퇴근하게 된다. 내일을 위해서도 오늘은 좀 쉬어주어야 한다. 그리고 일하는 엄마 같은 경우에는 아이들이 기다리고 있다. 직장 일도 중요하지만, 집안일은 더욱 중요하기에 마무리되지 않은 일이 있더라도 그 일은 내일을 기약하고 아이들이 있는 집으로 퇴근해야 한다. 어린아이들이 있는 엄마들은 집으로 출근한다고도 표현한다. 나도 현재 그런 상태이기에 과감히 일을 접고 퇴근하려고 한다. 단, 퇴근할 때, 내일 할 일을 적고 나오면 발걸음이 가볍다. 내일 그 일을 이어서 마무리할 수 있다는 생각 때문이다. 내일 할 일도 출근 후 오늘 할 일을 적듯이 그렇게 3가지 적는다. 3가지가 아니어도 된다. 쓰고 싶은 대로 내일 할 일 1가지를 적어도 좋다. 천군만마를 얻는 것과 같은 도구인 기록은 일할 때 든든한 자신의 지원군이다. 그것이 바로, 직장에서 쓰는 직장 일기인 것이다.

직장 일기가 매우 유용하다. 직장 일기를 쓰면서 일을 놓쳐 실수하는 횟수가 줄어들었기에 업무의 효율성이 높아진다. 특히, 보건교사면 요즘 기존업무에 코로나19 업무가 추가되어 코로나19 전의 2, 3배의 일을 하고 있지 않나 생각해 본다. 업무 비율을 생각해봤을 때 기존업무 30%에 코로나19 업무 70% 정도 되는듯하다. 많은 업무로 인해 젊은 선생님이라도 자꾸 잊게 될 것이다. 또한, 할 일이 많으면 오히려 멘붕이 와서 일을 더 못할 수가 있다. 그런데 기록을 하면, 그 수많은 일 중에서 내가 해야 할 일 3가지를 적어서 한다든지, 꼭 기억하고 수행해야 할 일 한두 가지를 적고 일을 해서 나의 기준에서 일의 수를 조정하여 중요한 일은 꼭 하게 되는 것이다. 소소한 일을 놓치더라도 중요한 일을 놓치지 않는다면 큰 동요 없이 무난히 1년은 지나가게 될 것이다. 다른 사람이 봤을 때도 보건교사가 코로나19 상황이라도 우왕좌왕하지 않고 조용히 일 처리하는 것처럼 느껴, 유능한 사람으로 인지하게 된다. 사실, 맞다. 많은 일을 처리하는 가장 좋은 방법은 우선순위를 정해 하나씩 해나가는 것이 최고이자 최선이다.

　보건교사는 학교에서 1명이다. 학교 건강관리를 위해 보건교사는 스스로 판단하고 추진해야 하는 경우가 많다. 학교에서 건강 전문가이기 때문이다. 물론 주변 선생님들의 협조가 당연히 필요하다. 함께 학교의 건강 유지, 관리가 이루어지지만, 보건교사가 학교 건강의 컨트롤타워임은 자명한 사실이다. 생각보다 일이 적지는 않다. 그래서 일일이 기억했다가 놓치지 않도록 해야 하는데, 이때 직장에서 쓰는 업무 일기가 도움이 된다. 파일 하나 만들어서 꼭 해야 할 일, 기억해야 할 사실, 기타 업무 관련 사항들을 기록해서 일하는 데 참고한다면 일의 성과가 높아질 것이다. 코로나19 상황이라 더욱 많아진 일들, 직장 일기를 쓴다면 무난히 보건 일을 완수하고 학교 건강관리에 좋은 결과를 얻을 수 있을 것으로 판단된다.

제3장
놓치지 말고 챙겨야 할 것들

연간계획은 능력껏 소신 있게 세워라

하루 할 일 계획을 메모하다 보면 너무 많이 적을 때가 있다. 아침, 출근해서 노트북을 켜고 가장 먼저 하는 일이 하루에 해야 할 일들을 적는 것이다. 이때, 3가지, 4가지, 어떨 때는 10가지를 메모한다. 할 일을 메모하는 이유는 업무 실행력을 높이기 위해서인데, 5가지를 넘기면 집중도가 떨어진다. 하루 안에 다 마무리하기도 힘들어진다. 일의 성격에 따라 1가지라도 여러 번 손이 가는 일도 있다. 그런 일들은 하루 1개를 메모하고 하루 동안 끈기 있게 완수해야 한다. 하지만, 그런 일의 성격을 깊이 생각하지 않고 단지, 지금 해결해야 하는 것이 기준이 된다면 당일 해내야 할 일의 가짓수는 많아지게 되는 것이다. 이런 메모를 주의해야 한다. 나의 수준을 염두하고 꼭 할 수 있는 일, 꼭 해야 하는 일, 3가지 정도만 메모하는 것이 중요하다.

보건 업무의 1년 살림 계획인 연간계획을 세울 때도 마찬가지이다. 보건교사 자신의 현 상황을 고려하여 능력껏 계획을 세우는 것이 중요하다고 하겠다.

복직 후 많은 것들이 변했음을 알았다. 기계적인 발전이 우선 적응하기 어려웠다. 하지만 한편으로 반가웠다. 가장 좋았던 시스템은 경기도 전 교직원들과 소통할 수 있다는 것과 학교 구성원 전체에게 문자메시지를 직접 보낼 수 있다는 점이다. 코로나19 상황에서 즉각적인 소통을 할 수 있어서 너무나 반가웠다. 과거에는 학교 밖으로 나가는 모든 메시지가 결재를 거쳐서 가능하였기에 그만큼 시간이 소요되었다. 보통 결재체계는 기본이 4명은 있다. 내가 오전에 결재를 올려도 다른 교사들이 결재하는 데까지 시간이 필요하여 길게는 하루가 소요되는 때도 있다. 다들 고유의 업무가 있고 수업으로 자리를 비우는 경우가 많기에 그렇게 시간이 걸리게 된다. 응급상황으로 안내해야 할 일이 있으면 그만큼 소통과 대응이 늦어질 수밖에 없는 구조였다. 현재 프로그램과 기술의 발달로 빠른 소통이 가능해졌다는 것이 너무나 다행이라고 생각한다. 나의 경우, 기계적으로 약한 부분은 매일 조금씩 배워나가니, 점점 다루는 문제에서의 어려움이 해결되었다. 처음이 어렵지, 한번 익히면 반복적으로 사용하기 때문에 금방 활용할 수 있게 되었다.

작년에 했던 업무자료는 일한 그 당사자가 아니라도 확인할 수 있다. 오랫동안 휴직 후 복직했거나 학교 간 이동을 했다든지, 신규임용일 경우, 적응이 필요한데, 그때, 작년 업무를 볼 수가 있어 유용하다. 보건교사의 굵직한 일들은 작년을 참고해서 계획을 세워 진행하면 된다. 보건교사가 해야 할 일들은 기본적으로 학교마다 비슷비슷하다. 다만, 경력에 따라 보건교사 개인 취향에 따라 좀 더 강조해서 하는 업무들이 있다. 개인 성향이 반영된 업무가 되겠다. 처음 복직해서 작년 업무를 확인해보니, 그 전 보건 선생님은 보건동아리 활동을 아주 열심히 했다. 보건동아리는 간호에 관심 있거나 간호대를 가려는 학생들에게 유익한 동아리이다. 보건동아리에서 심폐소생술 교육도 받고, 응급처치, 일반처치 다양한 교육을 받을 수 있다. 또한 가끔 있는 심폐소생술 대회에도 참석해서 열심히 한 만큼 상도 받는 행운도 가질 수 있다. 작년 보건교사는 동아리 학생들이 학생들 교육을 담당하게도 하였다. 동아리 학생은 다른 학생들을 가르치는 보람도 느끼면서 복습의 기회도 가질 수 있어 서로 좋았을 것이다. 주로 심폐소생술 교육을 가르쳤다. 심폐소생술은 한 번으로 끝날 수 있는 것이 아니라 반복적인 교육과 실습을 해야 응급상황에서 자연스럽게 활용할 수 있다. 그래서 자주 하면 할수록 좋다. 동아리 학생들이 다른 학생들을 가르치면 학생 스스로 반복 학습이 되어 가장 좋겠고 보건교사도 혼자가 아닌, 여러 명이 함께 실습 교육을 할 수 있어 교육의 효과를 높일 수 있다.

하지만, 동아리 시간에도 아픈 학생들은 발생한다. 급히 병원으로 후송해야 하거나 기타 다른 응급상황이 일어난다. 만약, 보건교사가 동아리 지도교사의 역할과 보건교사의 역할을 동시에 해야 한다면 보건교사의 가장 큰 존재 이유인 의료인의 역할을 제대로 못 할 수 있다. 그 피해는 응급상황의 아픈 학생이나 교직원들이 고스란히 받아야 한다.

나 같은 경우에는 동아리지도까지 하기에는 역량 부족이다. 보건 일을 오랫동안 하지 않았고 또한 코로나19 같은 감염병의 팬데믹 상황이 크나 큰 변수이다. 코로나19 상황에는 생각지도 못한 일들이 갑작스럽게 발생한다. 2019년 말, 2020년 초에 중국을 시작으로 세계적으로 코로나19 바이러스는 퍼져갔다. 한국도 2020년 초부터 급속도로 퍼져나갔다. 그 당시 나는 필리핀 세부에 있었고 필리핀에서는 그 정도 상황은 아니었지만, 치안이 문제가 될 수 있겠다는 생각으로 불안감이 생겼다. 그 당시 학교에서는 더욱 혼란스러웠을 것으로 생각한다. 왜냐하면, 학교라는 특수성 때문에 밀접 접촉 장소이기 때문이다. 만약, 학생 1명, 교직원 1명이라도 감염된다면 전염은 급속도로 진행된다. 그런 상황에서 가장 긴장하는 사람이 최일선에 있는 보건교사였을 것이다. 교육청에서 내려오는 공문을 바탕으로 일을 한다고 하더라도 보건교사에 따라 하는 일 처리는 다르다. 아마도 기존업무보다는 코로나19 대응에 업무의 비중을 두고 최선을 다해 학교 내 코로나19 감염병 대응을 위해 노력했을 것이라 추측이 된다. 혼란스러운 코로나19 상황이 올해 복직한 나에게 그대로 적용된다. 기존업무는 꼭 필요한 업무 위주로 했고 코로나19 대응에 우선순위를 두고 집중, 전념한다는 마음가짐을 가지게 되었다.

보건 위기인 코로나19 대응에 좀 더 집중하기 위해 나는 다음과 같은 일들을 먼저 했다.

첫째, 기존 보건 업무 중 조정이 필요한 업무에 의견서 제출

대표적인 일이 정서검사 업무였다. 전문 상담 교사가 학교에 있지만,

정서검사 1차를 보건이 한다고 업무분장 되어 있었다. 복직하자마자 가장 먼저 눈에 띄인 부분이었다. 전 학년 건강검사를 실시하는 보건교사도 건강검사를 고유의 업무로 생각하고 당연히 보건교사 주관으로 검사를 진행하고 마지막 통계 보고까지 하고 있는데, 1개 학년 대상으로 실시하는 정서검사를 정서 담당하는 부서에서 담당하지 않고 1, 2차로 구분하여 1차 검사를 보건교사가 담당하는 것은 여러 면으로 합리적이지 않다는 생각을 했다. 그래서 의견을 제안하게 되었고 공감대를 얻어 업무 조정이 되었고 학교 내 코로나19 관리에 더욱 집중할 수 있게 되었다.

둘째, 기존 보건 업무에서 꼭 챙겨야 할 업무 목록 작성

기존에 하던 업무를 하면서 현 시대적인 위기 상황인 코로나19 대응 업무를 추가하여 일했기에 업무량이 늘었다. 코로나19 대응 업무는 미룰 수 없고 당장 매일 해야 하는 일이기에 기존 하던 업무를 조정해서 하기로 마음을 먹었다. 보건의 핵심적인 목록을 작성하여 그것을 지워가면서 중요한 일들을 놓치지 않도록 했다. 체크리스트처럼 작성하고 체크하는 식으로 하니, 핵심 업무 누락을 예방할 수 있었다.

셋째, 코로나19 대응을 위한 가장 중요한 영역의 목록 작성

코로나19 대응 영역도 마찬가지로 목록 작성이 도움이 된다. 코로나19 대응은 크게 예방 차원의 업무와 확진자 발생했을 때 하는 실시간 대응 차원의 업무로 크게 나누어 생각할 수 있다. 영역별 업무들에서 미리 챙겨야 할 부분, 평상시 챙겨야 할 부분, 기타 등, 세분해서 목록을 작성

해보고 아이디어를 내서 자신만의 업무 스타일로 체계적인 대응이 될 수 있도록 하면 된다.

연초 연간계획을 세울 때, 건강 관련 시대적 상황, 보건교사 개인적인 상황, 학교 상황, 기타 전반적인 상황을 고려함이 필요하다. 작년 자료를 확인할 수 있어, 그 전 보건교사가 했던 방식대로 계획을 세울 수도 있지만, 보건교사 자신의 특수상황이 있을 수 있어서 스스로 검열을 통해서 작년 업무 중 할 수 있는 것과 없는 것을 구분해서 계획을 세워야겠다. 작년에는 했는데, '올해, 내가 와서 하던 것을 안 해도 될까?'라는 의구심도 들겠지만, 계획은 솔직하고 명확하게 세우는 것이 좋다. 이것저것 많이 계획하기보다는 실행 못 할 일은 최소화해서 세워야겠다. 자신이 할 수 있는 만큼 계획을 세우고 대신, 가장 중요한 부분은 꼭 계획하고 실천할 수 있도록 하자. 지금의 시대적 상황에서는 보건교사가 코로나19 대응을 시기적절하게 잘 대응하고 최선을 다하는 것이 가장 중요하다. 이런 시대적 상황에 맞추어 보건교사의 능력껏, 소신껏 연간계획을 세우고 유연하게 보건 업무를 하여 학교가 건강을 잃지 않고 잘 운영될 수 있도록 하면 될 것으로 판단한다.

3월, 제일 먼저 할 일은 요양호자 파악이다

　　아침 출근하면 제일 먼저 하는 일이 관리자용 코로나19 자가 진단 앱을 확인하는 것이다. 코로나19 상황에서 등교 전, 출근 전 반드시 해야 할 일이 생겼는데, 학생도 교직원도 예외 없이 자가 진단 체크를 시행해야 한다. 스스로 코로나19 유증상을 아침에 확인하고 건강에 이상없음을 앱에 체크한 후 학교를 오는 것이다. 코로나19 유사 증상이라고 하면 열, 두통, 근육통, 인후통, 기타 감기와 비슷한 증상이다. 이 중에서 학교 출입 여부를 결정하는 대표적인 증상이 37.5도 이상의 발열 상태이다. 체온 37.5를 기준으로 한다는 지침이 세워진 이후, 출입 전 체크하고 학교 내에서도 여러 번 체크하여 발열이 확인된다면 귀가 조치하게 된다. 학교 내 관리자로 지정된 몇 명의 사람들이 전교생, 전 교직원 자가 진단 체크 현황을 확인할 수 있다. 몇 명이나 아침 자가 진단을 실시했으며 체크한 사람 중에 유증상 유무도 확인한다. 학교 내 코로나19 전염을 예방하기 위한 하나의 장치로 일단, 자가 진단 체크를 누구나 해야 한다. 하지만, 아침 바쁘게 학교를 오다 보면 잊어버리고 체크가 못 하는 경우가 있어서 보건교사는 관리자용 자가 진단 앱 확인 후에 체크 독려 버튼을 누른다. 1교시 수업을 시작하기 전에 버튼을 누르기 위해서 급하게 움직이게 된다. 학생들은 수업중 핸드폰 사용을 자제해야 하기에 수업시작 전에 메시지를 받고 앱 체크할 수 있도록 서두른다.

보건 연중 업무 중에서도 학기가 시작하는 3월에 서둘러서 해야 할 중요한 일이 있다. 바로, 요양호자를 파악하는 것이다. 안전한 교육과정 진행을 돕기 위해서 건강관리에 유의해야 할 요양호 학생을 파악하기 위해 노력한다. 보호자가 학기 초에 미리 전화를 주는 특별한 학생의 경우도 있다. 하지만 대부분 그렇지 않아서 숨겨진 건강 유의 학생들을 찾기 위해서 설문조사를 실시한다.

하루는 보건실 소속부서인 생활 인권안전부장으로부터 전화가 왔다.

"안녕하세요? 선생님. 어제 학교폭력위원회가 열렸는데, 갑자기 학생 1명이 숨쉬기 힘들다고 했습니다. 요양호자가 아닌지 모르겠습니다."

3월 시작하고 2주도 채 지나지 않은 시점이었다. 요양호자 파악을 하는 중이었다. 복직한 첫 해기도 하고 코로나19 상황인지라 나는 2월 말부터 출근하여 코로나19 대응을 위한 준비를 했다. 교실마다 비치할 방역 물품을 챙겼다. 30학급이니, 30학급에 필요한 물품을 똑같이 하나씩 챙겼다. 체온계, 소독 티슈, 환경 소독제, 행주, 폴리 글러브, 기타 꼭 필요한 물건들이라 판단하는 것들을 준비했다. 반마다 작은 소쿠리에 물품들을 담아서 교실마다 옮기는 것도 큰일이었다. 학년 부장이 도와서 함께하여 실제로 심적으로 위안이 되었다. 3월 시작하면서 업무를 스스로 익히는 데 시간 소요가 많이 되었다. 많은 것들이 바뀌어 처음부터 새롭게 배우고 깨우쳐야 할 것들이 많았다. 그렇게 시간을 보내다 보니, 요양호자 학생 파악을 위한 작업을 3월 시작하자마자 시작해야 한다는 아쉬움을 스스로 느끼는 순간, 그런 전화를 받게 된 것이다. 생각보다 요양호자 파악하는 데 시간이 오래 걸렸다. 더 이상 지체함이 없이, 좀 더 속도를 내기 시작했다.

요양호자 파악이 완료되고 전 교직원에게 안내하는 데까지 1달 이상의 시간이 소요된다. 이렇게 시간이 오래 걸리는 이유는 건강조사서 가정통신문을 배부하고 다시 회신해야 하기 때문이다. 수기로 하는 것이 필요한 일이라 일일이 회신하고 있는데, 아이들도 천차만별이라 착실하게 제출날짜까지 제출하는 아이들이 있는가 하면 그렇지 못하는 아이들도 많다. 또한 고등학생이다 보니, 위탁하는 학생들도 있다. 이런 아이들은 한 달에 한 번만 등교한다. 여러 가지 다양한 사연으로 회신하는데, 시간이 걸리게 된다. 아이들에게 재촉하면 조금 더 빨리 회신이 되고, 그렇지 않다면 회신이 늦어질 수 있다. 담임교사의 성향에 따라 다른데, 성향의 차이는 일장일단이 있어서 그것에 대해서 보건교사가 왈가왈부하기는 쉽지 않다. 하지만, 건강, 생명과 관련된 중요한 자료인 만큼 조금 서둘러서 요양호자 파악이 될 수 있도록 협조하는 것이 필요하겠다고 본다.

한꺼번에 수거해서 학년 부장이 보건실로 제출하기도 한다. 학년 부장의 성향에 따라서 다른데, 학년 단위로 제출하면 일하기에 아무래도 수월하고 빠르게 요양호자 파악이 이루어 질 수 있다.

이런 회신이 어려워 온라인으로 건강조사를 시행하는 때도 있다. 온라인으로 건강조사서를 체크해서 바로 제출하는 방식인데, 이 방식이 간편하게 회신 되는 장점이 있는가 하면 단점도 있다. 보건교사는 건강조사서를 회신하여 상담을 시행하게 되는데, 상담할 때, 건강조사서를 일일이 읽어보면서 메모도 한다. 자료 지에 바로 메모해서 그것을 보관하고 만약 무슨 일이 있으면 자료와 메모한 내용을 동시에 확인하여 그때의 상담내용이 기억나서 오히려 편리할 수가 있다. 그래서 보건교사 중에 온라인 방식을 알고는 있지만, 그것을 사용하지 않는 선생님들도 많다. 보건교사 자신의 성향에 따라 이 방법, 저 방법을 해보고 자신에게 맞는 방식으로 요양호자를 파악하면 될 것이다.

전교생 건강조사서가 수거되면, 그것을 일일이 확인해서 건강 상담할 학생을 선별한다. 반별 건강조사서를 확인할 때 상담이 필요하다고 한다면 종이를 접어서 표시한다. 그리고 나중에 접은 부분에 해당하는 학생 명단을 정리해서 담임들에게 메시지를 보낸다. 학생 상담은 쉬는 시간이 아닌 수업 시간이 좋다. 왜냐하면 쉬는 시간에는 아픈 아이들, 도움이 필요한 아이들이 보건실을 찾는다. 그 학생들 요구를 들어주는 것도 쉬는 시간에는 바쁘다. 상담까지는 도저히 불가능할 수 있다. 그리고 피상담자의 입장에서 어수선한 상황에서 제대로 건강 상담이 이루어지지 않을 것이다. 상담의 원칙이 최대한 편안하고 조용하며 안락한 느낌이 들수 있는 곳에서 상담하라는 것인데, 그것까지는 아니더라도 최소 어수선하거나 시끄럽지는 않아야 한다. 그래서 수업 시간으로 건강상담 시간을 정하고 담임들에게 시간을 정해서 보건실로 내려보내 달라고 메시지를 보내면 된다. 상담은 건강조사서에 있는 내용을 근거로 상담하고 상담한 내용은 따로 기록한다. 그리고 최종적으로 요양호자 명단과 내용, 부모님 전화번호를 한꺼번에 정리한다.

요양호자 명단이 완성되면 교직원 연수를 시행한다. 요양호자 명단은 결재까지 받아둔다. 결재가 난 후, 교직원들에게 안내 연수를 한다. 코로나19 발생 전에는 직원회의 시간에 연수를 했다. 지금은 모든 대면을 최대한 줄여야 할 전염병 상황이기에 연수하기도 쉽지 않다. 아주 가끔 있는 교직원 대면 연수 시 요양호자 교직원 연수를 시행한다. 연수 시에는 요양호자 명단을 프린터 물로 나누어주어 선생님이 비밀유지에 주의하면서 연수 후 수업에 참고하도록 한다. 대면 연수가 힘들 경우에는 문서에 암호를 달아 파일 형식으로 교내 메신저로 전달하여 특히 조심히 사용하도록 강조하며 교직원들에게 안내한다.

학교에서는 3월이 가장 바쁘다. 해야 할 일도, 챙겨야 할 일도 가장 많은 달이 3월이다. 3월 보건 업무 중에서 제일 먼저 시작해야 할 일이 어쩌면 요양호자 파악일 것이다. 이것이 최소 한 달 이상의 시간이 소요되기 때문에 미리 시작해야 한다. 학생이 매일 오지 않는 2/3 등교 중인 코로나19 상황이라면 시간이 더 걸릴 수도 있다. 요양호자 파악이 필요한 이유는 기저질환이 있는 학생들에 대한 정보를 미리 파악하여 학생도 학교도 안전한 교육환경을 조성하기 위함이다. 교육도 중요하지만, 교육보다 더 중요한 것은 건강이고 생명이다. 전교생을 대상으로 건강조사서 설문조사, 회신, 상담, 요양호자 확정, 교직원 연수까지 긴 시간이 소요되는 만큼 3월 업무 시작과 동시에 요양호자 파악을 시행하도록 하자. 요양호자가 정해지면, 교직원에게 연수를 시행하여 교육을 담당하는 모든 선생님이 인지할 수 있도록 하고 또한 엄중히 비밀 유지가 될 수 있도록 주의도 당부해야겠다. 학교당 요양호자가 많지는 않지만, 건강상 주의 관찰해야 할 대상자이기 때문에 항상 염두에 두고 관심을 가지도록 하자.

신뢰감 있게 발표해라

간호학원에서 강사로 잠시 근무할 때가 있었다. 나는 군 간호장교로 근무서다 30대 중반쯤 전역했다. 전역 후 삶의 진로를 잡지 못하고 고심하다가 미국 RN 시험을 보기로 했다. 공부하면서 야간에는 간호학원에서 잠시 아르바이트 강의를 했다. 강의는 그때가 처음이었다. 남 앞에 서는 경험이 많지 않았던 나는 어떻게 강의해야 할지 막막했다. 간호학 자격증만 가지고 있다고 해서 간호학 강의를 잘 할 수 있는 것이 아니었다. 야간 간호학원에 수강하는 학생은 주로 가정주부이거나 제2의 직장을 위해 준비 중인 직장인, 졸업을 앞둔 고 3학생들이었다. 성인이 주 대상이다. '어떻게 하면 떨지 않고 잘 가르칠까? 어떤 방식으로 제대로 가르칠수 있을까?' 생각했다. 다른 방법이 없었다. 부딪혀보는 수밖에. 다만 내가 가진 마음가짐은 강의할 때 강의 스킬은 부족할지라도 성심성의껏 가르치자는 것이었다. 능수능란한 강의는 아닐지라도 수강생을 위하는 마음으로 신뢰감을 줄 수 있는 강의가 되도록 노력해보자고 생각했다. 남 앞에 서서 말할 때는 이런 태도가 말에 힘을 실어주는 최고의 방법이 됨을 강의 후 수강자들의 반응을 보고 나는 알게 되었다. 보건교사가 된 지금도 그때의 교훈을 잊지 않고 있다.

　　보건교사가 학교 운영위원회 위원들 앞에서 말할 기회는 딱 한 번 있다. 건강검진 병원을 선정할 때이다. 학생 대상 검진을 위한 병원은 학교 운영위원회의 심의 의결을 받아 결정해야 한다. 학교에서 가장 바쁜 시기인 3월이 지나고 4월 중순쯤 되면 학교 운영위원회를 개최한다. 그 전에 각 부서에서는 심의 의결할 안건들을 작성하여 결재를 받는다. 결재 받은 것을 바탕으로 심의 양식지에 작성하여 행정실로 자료를 보낸다. 보건실에서는 학생 건강검진을 위한 병원선정에 대한 안건 제안을 한다. 병원 검진은 고 1학년생이 대상이다. 병원이 2개 정도 선정이 되면, 학생은 그 병원을 직접 방문하여 구강검진까지 포함해서 전반적인 검진을 받게 된다. 보건교사는 병원과 협의가 이뤄진 기간 동안 학생들이 병원 방문 후 검진을 받을 수 있도록 독려하고 중간중간 확인해서 학생들이 검진을 마무리할 수 있도록 안내한다. 사실, 이 부분이 조금 신경이 쓰이는 부분인데, 최대한 누락 학생 없이 검진을 받을 수 있도록 하면 된다. 아무리 열과 성을 다 해도 한두 명은 누락자가 발생한다. 완벽을 추구하되 완벽하지 못하더라도 실망하지 말아야 한다. 다만 그런 마음으로 최선을 다하면 된다고 여겨진다. 어찌하였든, 그런 병원 검진을 위해 우선은 검진 병원 확정을 위한 학교운영위원회 심의 회의를 거쳐야 한다.

　간호장교 경험 제외하고 보건교사 경력만 20년이 다 되어가는 나는 처음 학교운영위원회에 참석할 때를 생각해봤다. 그때는 정말 긴장되고 떨리기까지 했다. 학교운영위원회 회의 날짜를 행정실에서 공지하면 그날을 위해 발표 연습을 했다. 준비하는 자료는 간단하다. 학교보건법상 나와 있는 병원선정 방법과 기준, 건강검사 희망 제안서를 보내온 병원 중에서 학교와 거리가 가깝고 입소문이 좋은 병원, 그리고 통계 마무리까지 깔끔하게 정리해주는 병원, 기타 여러 상황을 고려하여 보건교사 선에서 2개를 선택해서 자료를 준비한다. 그 자료들을 보면서 여러 번 읽었다. 학교운영위원회 회의를 할 때는 옷에도 신경을 써야겠다고 생각했다. 사실, 평상시에는 일하기 편한 옷을 주로 입는다. 응급상황이 발생하더라도 옷이 응급대처를 방해해서는 안 된다고 생각했기에 활동하기 편한 옷이 가장 좋다고 여긴다. 하지만 학교운영위원회를 하는 날은 그래도 교사로서 이미지에 걸맞은 옷을 입어야 한다고 생각하면서 어떤 옷을 입을까? 미리 상상해보기도 했다. 옷이 날개라고 하지 않는가? 깔끔하고 멋스럽기까지 한 옷차림이라면 발표하는 사람에 대한 신뢰감까지 생기게 할 수 있는 것이다. 여러 번의 학교운영위원회 회의를 경험하면서 나름의 발표 노하우는 점점 쌓여간다.

　학교운영위원회 위원이 질문할 때도 당황하지 말아야 한다. 먼저 안건 제안 발표를 처음부터 끝까지 마치고 나서 질문사항을 받는다. 운영 위원장이나 위원들이 궁금한 사항이나 기타 질문들을 하게 된다. 사실, 운

영위원들은 다른 의견 없이 통과하는 경우는 없다. 교직원들의 어떤 제
안이든지 의견을 내게 마련이다. 왜냐하면 그것이 그들이 존재하는 이유
이고 회의의 이유이기 때문이다. 한마디라도 하게 된다. 그것이 당연하
다. 보건교사 입장에서 생각지도 못한 질문을 받기도 한다. 학교 내 각 부
서에서 하는 일들을 자세히 알지 못하기에 정말 궁금해서 하는 질문들
도 있다. 그럴 때, 부드러운 미소와 함께 신뢰감 있는 자세로 자세히 설명
하면 된다. 올해도 코로나19 상황이라 작년에 이어 학생들 검진을 출장
검진으로 진행하자고 제안했다. 병원 방문할 경우 감염이 우려되어 출장
검진이 최고의 방법이다. 학교보건법에도 부득이한 경우에 교육청 승인
을 받아 출장 검진이 가능하다고 되어 있다. 출장 검진은 학생이 병원을
찾는 것이 아니라 병원이 학교를 찾아서 검사해주는 것이다. 발표가 끝
나자 운영 위원장이 다음과 같은 질문을 했다.

"코로나19 상황인데,
학생들이 건강검진을 받아야 하나요?"

학부모이기도 한 운영 위원장의 질문이 당황스러웠지만, 한편으로 이
해되기는 했다. 코로나19 감염의 두려움이 그런 의구심을 가지게 한 것
이다. 이때, 교장 선생님이 대신 답변을 했다.

"건강검진은 법으로 정해진 부분입니다. 작년에는 코로나19 상황으로
검진 자체가 1년 유예가 되었지만, 올해는 유예한다는 공문이 없으므로
진행하는 방향으로 준비를 해야 합니다."

질문을 받았을 때, 바로 교장 선생님이 답변을 하니, 다들 쉽게 수긍을 하는 분위기였다. 물론, 내가 이야기할 수도 있었다. 교장 선생님의 답변에 보건교사로서 느낀 것은 코로나 상황으로 인한 출장 검진에 대해 교장 선생님도 100% 공감하고 있고 밀접접촉 장소인 학교라는 곳에서 한 명이라도 코로나19 확진자가 발생하지 않도록 예방에 신경 쓰며 긴장하고 있다는 점을 역시 이해할 수 있었다. 이렇게 보건교사 대신 교장이나 교감이 대신 답변하는 때도 있을 수 있다.

사람들 앞에서 나서서 말할 때는 역시나 신뢰감 있게 발표하는 것이 가장 중요하다. 어떤 발표나 마찬가지일 것이다. 그러기 위해서는 앞에서도 잠깐 말했듯이, 옷차림에서부터 신경을 써야 한다. 내 앞에 발표한 선생님은 미처 학교운영위원회 회의를 생각하지 못하고 출근을 했는지, 잠바 차림에 깔끔하지 못한 옷차림을 하였다. 그 모습이 왠지 성의 없어 보였다. 그래도 공식적인 자리인데, 최소한의 예의를 차리지 않는 듯한 느낌을 줄 수도 있을 것 같았다. 역시나, 위원들의 질문이 많아졌고 제의한 안건에 대한 학교운영위원회 위원들의 다른 건의 사항도 여러 가지 나왔다. 발표할 때, 일반적으로 학교운영위원회 위원들은 학교 실정을 세세히는 잘 모르기 때문에 자세하게 이해할 수 있도록 설명하는 배려가 필요하다. 또한 쉽고 명확한 설명이 될 수 있도록 노력함이 필요하겠고 그런 설명은 믿음을 얻는데 중요한 요인이 된다.

발표에 대한 불안감이 있다면, 극복하는 방법은 여러 가지가 있다. 학교라는 이점을 잘 활용하면 되는데, 그것이 바로 보건교육이다. 보건교육의 시간이 주어진다면 최대한 활용해서 학생들을 가르치는 기회를 가져보는 것이다. 고등학교 같은 경우, 입시 중심이기에 보건교육 시간이 거의 주어지지 않는다. 그 시간에 대입에 나오는 영어단어 하나, 수학 공식 하나 더 중요하고 익혀야 하기 때문이다. 그래도 창제 시간도 있기에 보건교사의 의지로 얼마든지 교실에서 학생들을 만나 수업을 할 수 있을 것이다. 또한 개인적으로 유튜브 영상 찍기를 권하고 싶다. 요즘은 기기가 워낙 발달하여 스마트폰만 있으면 영상 찍고 유튜브에 올릴 수 있다. 나는 개인적으로 그 작업을 해보았다. 책 읽기에 대한 주제를 가지고 영상을 주기적으로 찍었는데, 정말 말하는 연습에는 최고의 방법이었다. 사람을 직접 대면하지 않는다는 단점이 있지만, 그래도 말하는 연습, 강의하는 연습이 충분히 되기 때문에 생각 외로 효과가 좋았다. 책 쓰기도 글을 직접 써야 가능하듯이 강의를 원하는 방식대로 잘하기 위해서는 강의를 직접 해보는 것이 최고의 방법이 된다. 이런 경험들이 학교운영위원회 회의 안건 제안 발표에도 분명히 도움이 될 것이다.

　학교 운영위원 앞에서 안건 제안 발표를 할 때는 신뢰감 있는 모습을 보여주도록 노력해야겠다. 스스로 말하는 연습을 한다거나 강의 기회를 가짐으로써 발표에 자신감이 생기고 상대방에게 신뢰감을 줄 수 있다. 말하는 스킬 외에도 교사뿐 아니라 학부모가 참여하는 학교 운영위원 회의 때는 옷차림 역시 신경을 쓰는 센스를 발휘함으로 건강지킴이로서 믿음이 가는 보건교사가 되어야겠다. 보건교사도 교사이기 때문에 말하는 것에 있어서 다른 교사에 뒤지지 않는 강의력을 키우고 덤으로 한층 높은 신뢰감을 쌓을 수 있도록 평상시 스스로 노력함이 필요함을 기억해야겠다.

교직원 교육도 때론 직접 해라

보건교사가 할 업무 중에서 중요한 한 가지가 질병 예방관리이다. 건강상 문제가 생겼을 때 하는 적절한 처치 이상으로 평상시 예방을 위한 관리가 중요하다. 그런 업무는 생각보다 범위가 넓고 할 일이 많다. 대표적인 예방관리는 교육이 해당하고 교육의 대상은 학생뿐 아니라 교직원도 포함된다. 교직원의 건강이 곧 학생의 건강이 되고 학생의 건강이 또한 교직원의 건강에 영향을 미치기 때문에 모든 학교 구성원이 예방 교육의 대상이 되는 것이다. 어떠한 상황일지라도 교직원이 받아야 할 교육은 예방 차원에서 제대로 진행될 수 있도록 최대한 노력해야 한다.

학교 구성원 중 교직원이 받아야 할 교육은 크게 2가지이다. 직장 내 성희롱 성폭력교육과 심폐소생술 교육이다. 이 교육은 의무교육이다. 직장 내 성희롱, 성폭력 예방 교육은 남녀 고용법 제 13조에 의해 1인 이상 사업장일지라도 전원 교육을 받아야 한다. 매년 1회 이상, 1시간 이상 받아야 한다고 법적으로 규정되어 있다. 법으로 규정된 만큼, 만약 받지 않을 경우, 과태료도 부과된다. 교직원 심폐소생술 교육도 학교보건법 시행령에 규정된 교육으로 특별한 이변이 없는 한 해마다 이수할 수 있도록 한다.

휴직 전 나는 성희롱, 성폭력 예방 교육을 위해 PPT 교육자료를 만들었다. 다양한 자료를 가지고 교육용 PPT를 간단히 만들 수 있다. 요즘은 프로그램이 너무 잘되어 있어서 콘텐츠만 준비하면 쉽게 만들 수 있다. 그 당시에도 기계포비아를 가진 나도 간단히 만들 수 있을 정도이니, 누구나 PPT 강의안은 만들 수 있다. 만들 때 주의할 부분은 한 슬라이드에 너무 많은 내용을 담지 말라는 것이다. 너무 많은 내용으로 글씨가 빼곡하게 쓰여 있다면 글자 크기도 작아져서 피교육자 관점에서 답답함을 느낀다. PPT는 그야말로 띄어놓고 꼭 필요할 때만 참고로 할 정도가 되어야 하고 강의를 듣는 사람도 그냥 큰 글자를 보면서 핵심을 한 번씩 체크하는 정도가 되면 된다. 만들다 보면, 많은 내용을 넣고 싶은 욕심에 1개의 슬라이드에 많은 양을 띄우는 실수를 하게 되는데, 그것만 조심한다면 쉽게 만들어 효과적인 교육을 할 수 있다. PPT 자료는 간단히 만들고 나머지 내용은 말로 해야 한다는 점만 기억하면 되겠다. 그래서 말로 하는 연습에 더욱 집중함이 필요하다.

성희롱, 성폭력에 대한 강의 전, 나는 연습을 했다. 보건실에서 혼자, 짬 시간을 이용하여 강의 연습을 할 수 있었다. 연습하면서 드는 생각은 가르치는 것에 베테랑인 선생님들을 대상으로 제대로 교육할 수 있을까 하는 것이다. 선생님들은 밥 먹고 매일 하는 일이 가르치는 일이다. 남 앞에 서서 말하는 것이 전문가이다. 그런 것을 생각한다면 자신이 없어진다. 하지만, 중요한 것은 가르치는 내용이다. 가르치는 기술은 조금 부족하더라도 가르치는 내용에 있어서 전문가란 점이 내 강의의 장점이 된다. 전문가가 강의하는 것은 강의 기술 유무와 상관없이 들을 만한 가치가 있는 것이다. 사실, 성희롱, 성폭력 예방에 보건교사도 완전히 전공자는 아니다. 의사들도 자신의 전공 분야가 따로 있다. 그래서 전공에 대해 집중적으로 진료한다. 간호사 출신인 보건교사도 의료와 관련된 영역에서는 전문가라 할 수 있겠지만 엄밀히 말해서 '성'과 관련된 부분에 있어서는 전문가라고 할 수는 없다. 그래도 그나마 학교에서 '성'과 가장 가까운 선생님이 보건 선생님이라고 판단해서 보건교사가 그 업무를 담당하고 있다. 직접 강의 하지 못하겠다고 생각하거나 좀 더 내실 있는 교육을 하기를 바란다면 성희롱, 성폭력 교육을 받은 전문가를 초빙해도 된다. 요즘은 대부분은 성교육 전문가를 많이 초빙해서 하는 추세이다. 하지만, 상황이 여의치 않을 경우, 직접 강의를 할 수 있다는 마음가짐을 가지면 좋겠다. 최신 콘텐츠를 조사해서 간단히 PPT 자료를 만들고 강의할 정도의 준비는 할 수 있으면 좋을 것이다.

문제는 코로나19 팬데믹 상황에서 실습 2시간 이론 1시간을 해야 하는 심폐소생술 교육이다. 원래 교육 시간은 4시간이지만 통합으로 할 때는 실습 2시간을 포함한 총 3시간을 실시하면 된다. 코로나19 팬데믹 전, 나는 이 교육을 위해 외부 강사를 초빙했었다. 최근에 심폐소생술의 중요성이 크게 대두되었다. 유명 야구선수가 심폐소생술을 제대로 받지 못해 뇌사상태에 빠졌고 오랜 시간 식물인간으로 살다가 허무하게 세상을 떠난 사례는 누구나 아는 안타까운 이야기이다. 또한 생각 외로 심폐소생술을 통해서 살아난 생명에 대한 뉴스들이 수시로 나오면서 심폐소생술 교육에 대한 절실함이 더욱 각인되었다. 비만 인구가 많은 외국에서만 필요한 교육이 아니라는 인식이 강해졌다. 학교에서도 간간이 심정지 사건·사고가 발생한다. 그러므로 심정지 상태에 시기적절하게 대응하기 위해 심폐소생술은 해마다 실시해야 하는 교직원의 법적 의무교육이 되었다. 외부 강사 초빙을 했을 때, 여러 명이 함께 학교를 방문해서 단체로 이론과 실습 교육을 한자리에서 시행한다. 이 교육이 건강과 관련 있지만, 교직원 전체 연수이다 보니, 교직원 연수를 담당하는 연구부에서 주최하기도 하고 안전 분야라서 안전 담당 부서에서 맡기도 하는데, 학교 사정에 따라 누락 없이 적절한 시기에 매년 실시할 수 있도록 하면 되겠다.

심폐소생술 교육은 실습이 중요하기에 외부 강사는 애니 인형을 여러 개 가지고 온다. 넓은 강당에서 애니 인형 여러 개를 펼쳐놓고 실습을 시킨다. 이론은 보통 대략 알고 있지만, 실습이 약하다. 실제 해보지 않으면 응급상황 시 심폐소생술을 할 엄두를 내지 못한다. 어떤 분야에서나 마찬가지이다. 실제 몸으로 하는 것이 중요하다. 책 쓰기를 하더라도 그렇다. 나는 독서 모임에서 재능기부로 현재 공저 쓰기를 진행하고 있다. 8명 정도 책을 쓰고 있는데, 중간에 2명이 중도 포기를 하였다. 나간 사람의 특징을 보면, 평상시 긴 글을 잘 쓰지 않던 사람이다. 처음 책을 쓰는 사람은 쓰는 습관을 우선 만드는 것이 중요하다. 그 습관을 만드는 비법은 필사가 아주 요긴한 방법이 된다. 그래서 필사하기를 권해드렸고 수시로 나는 필사를 강조했다. 하지만, 남의 글을 베껴 쓰는 필사가 가치가 없다는 편견을 가진 사람들이 많기에 필사를 잘 실천하지 않는다. 나 또한, 처음에는 왠지 남의 것을 베껴 쓰기가 불편해 필사하지 않았다. 공저 쓰기를 포기한 사람도 필사하지 않던 사람이었고 쓰는 것에 대한 어색함, 생소함을 극복하지 못하고 탈퇴하게 되었다. 그것처럼, 일단, 심폐소생술도 몸에 익히고 익숙하게 만드는 것이 중요하다. 그래서 해마다 실습함으로써 급박한 상황에서 몸이 알아서 움직여 심폐소생술을 할 수 있게 만든다. 이런 실습을 위해서 보건교사 혼자서 100명에 가까운 교직원들을 실습까지 교육한다는 것은 무리가 있어서 적절하고 효과적인 교육을 위해서라도 외부 강사를 초빙하는 것이 필요하겠다.

이론은 혼자서 교육할 수 있지만, 실습은 여러 사람의 협력이 필요하다. 성희롱, 성폭력 예방 교육은 실습을 요구하지 않기에 보건교사 혼자서도 강의할 수 있다. 마음만 먹는다면 간단히 PPT 자료를 만들고 대면 시간을 활용해서 할 수 있다. 만약, 대면이 안 된다면 줌으로 온라인 교육도 가능하다. 하지만 성교육 전문가를 활용하는 것이 가장 좋다. 효과적인 교육이 되기 때문이다. 문제는 실습해야 하는 심폐소생술인데, 실습은 온라인 교육으로 불가능하다. 그래서 작년 코로나19 상황으로 우왕좌왕하던 시기에는 교직원 심폐소생술 교육이 유예되었다. 코로나19 상황, 고등학생 1학년 병원 건강검진이 유예되었듯이 교직원 심폐소생술도 유예된 것이다. 올해도 역시, 코로나19 상황이 심각 단계일 때는 유예된다는 교육청 질의응답을 받았다. 하지만, 코로나19 상황이라도 심정지 상황이 발생하지 않으란 법은 없다. 실습은 못하더라도 이론교육이라도 시행하여 만약에 있을 수 있는 심 정지사태를 최초 접하는 교직원이 먼저 대응할 수 있도록 해야겠다. 하지만 학교의 여러 상황을 참고해서 교육 가능 여부를 결정하면 될 것이다.

보건교사는 아픈 사람의 건강만 챙기지 않는다. 아프지 않은 사람의 건강을 유지, 증진하는데도 관심을 가진다. 현재의 건강상태와 상관없이 건강을 해칠 수 있는 모든 문제 상황을 미리 예방하여 건강 문제 발생을 최소화하는 데 노력한다. 학생 외 교직원들을 대상으로 하는 대표적인 교육이 성희롱 성폭력 예방 교육, 심폐소생술 교육이다. 이것은 법으로 정해진 의무교육으로 학교에 근무서는 교직원이라면 누구나 매년 교육받아야 한다. 보건교사는 주로 외부 강사를 초빙해서 교육을 진행할 수 있으며 예산도 미리 확보해둔다. 하지만 만약의 상황에서는 보건교사도 직접 교육을 할 수 있다는 마음가짐을 가지면 좋을 것이다. 학교 내 건강 유지 및 건강증진을 위해 보건교사는 관리의 책임을 맡은 만큼, 언제든 유연하게 대처할 수 있는 능력과 태도를 갖추어야 한다는 것을 기억해두어야겠다.

보건교사 존재 이유,
첫 번째는 응급 대응이다

보건교사로서 실수 없이 완수해야 할 일이 바로 응급상황 대처이다. 평상시 일을 잘했더라도 어쩌다 있는 응급상황을 제대로 대응하지 못했다면 비난은 물론이거니와 스스로 느끼는 자괴감이 클 것이다. 왜냐하면 보건교사의 존재 이유로 응급 대응이 가장 중요한 1순위이기 때문이다. 전쟁을 위해 존재하는 군인들이 평시에는 전쟁을 잊고 살 수 있다. 내가 군 병원에 있을 때 그랬다. 전쟁이 발발한다면 당연히 소집되어 전쟁터로 나가 상처를 입은 군 장병들을 돌보아야 한다는 것이 기정사실이지만 잊고 살았다. 그냥 월급쟁이 같은 느낌이 들 때도 있었고 대학에서 배운 대로 간호사로서 때로는 장교로서 생활했을 뿐, 전쟁에 관한 생각은 거의 하지 않고 살았다. 그것과 마찬가지로, 학교에서도 '설마 응급상황이 발생하겠어?'라는 안이한 마음이 생길 수 있다. 하지만 응급상황은 언제든 발생한다는 것을 잊지 말아야 한다. 그런 마음가짐이 보건교사로서 위급상황 대응 능력을 높인다. 그리고 평상시에 응급 대응에 대한 역량을 높이기 위해 스스로 노력한다.

나는 가끔 보건실 침대에 자는 아이들을 확인한다. 얼굴도 들여다보고, 숨도 제대로 잘 쉬고 있는지 체크한다. 이런 버릇이 생긴 이유는 과거 군 병원 근무할 때 누구한테서 들은 이야기 때문이다. '유행성 출혈열'이란 병이 전방 지역에서는 간혹 발생한다. 이 병은 들쥐에 의해 전염되는 병으로 바이러스 질환이다. 쥐들이 다니는 들이나 풀숲에 묻어 있던 바이러스에 의해 감염되어 응급상황에까지 빠질 수 있다. 전염과 함께 신장이 급속도로 파괴될 수 있어 잘 관찰하고 이상 증상이 보이면 빠르게 큰 병원으로 이송해야 한다. 어떤 사병이 '유행성 출혈열'에 감염되어 병원에 입원했는데 급속도로 안 좋은 상황으로 움직이지도 못하고 침대에서 사경을 헤매는 것을 우연히 발견하여 큰 군 병원으로 헬기 후송을 시킨 아찔한 이야기를 들었다. 그 후 나는 침대에 누워있는 환자들을 확인하는 버릇이 생겼다. 보건교사가 된 지금도 침대에 자는 학생들을 확인한다.

환자들은 몸 상태가 급작스럽게 나빠지는 경우가 있다. 이야기하면서 응급실에 들어갔다가 영원히 세상 밖으로 못 나오는 사람도 있다. 환자 본인도 잘 모른다. 자신의 몸이지만 자신의 상태를 정확히 알 수가 없다. 멀쩡하게 이야기할 수 있고 그냥 견딜만하다고 생각하지만, 사실은 내 몸 안에서 돌이킬 수 없는 과정이 진행되고 있을 수 있다. 최근 코로나19 백신 부작용으로 사망하는 경우가 있다. 사망한 경우, 환자 스스로 걸어서 응급실을 찾았고, 보호자가 접수하는 동안 간이의자에서 앞으로 꼬꾸라지며 피를 토하고 사망한 사례도 있었다. 병의 종류에 따라서 급작스럽게 악화하는 경우일 경우, 사람 목숨이 정말 허무하게 끊어진다는 생각을 안 할 수 없다. 병원에서 이런 사례들을 직접 보지는 못했지만, 충분히 이해되는 부분이라 나는 보건실에서도 아이들이 아프다고 해서 침상에서 쉬고 있을 때 여러 번 확인한다. 이름도 불러보고, 눈으로도 확인하고 직업병이라면 직업병인 듯하다. 급작스럽게 상태가 안 좋아지는 일도 있을 수 있다는 생각으로 자세히 관찰하는 것은 나쁘지 않을 것이다.

　나는 보건실에 남녀 학생들이 각각 침대에 누워있을 때는 보건실을 떠나지 않는다. 세상에는 예상 밖의 일들이 발생하는 경우가 있다. 소설의 내용보다 더 소설 같은 일들이 현실에서는 일어난다. 정말 생각지도 못한 일들이 학교 보건실에서도 일어날 수 있다는 가정하에 미리 조심한다. 예상되는 문제상황은 남녀 학생들이 비록 침대는 다르지만, 보건실이라는 한 공간에 누워있을 때 발생할 수 있는 성과 관련된 문제이다. 대부분은 그런 일이 발생하지 않지만, 시대가 바뀐 만큼 나는 주의하는 것이다. 보건실 침대는 현재 4개이다. 과거 근무 섰던 중학교에서는 2층 침대까지 있었다. 왜냐하면 많은 아이가 피곤해하고 쉬고 싶어 하여 한꺼번에 올 때는 침대가 부족하기 때문이다. 늦게까지 공부하다가 잠을 못 잔 아이들, 게임에 빠져 새벽에 자는 아이들, 아르바이트로 잠이 부족한 아이들, 그 사연도 가지각색이다. 어찌하였든, 이런 아이들도 1시간만 자다가 일어나면 새롭게 몸이 회복되어 마지막 수업까지 듣게 된다. 침대는 남녀 구분을 하여 칸막이까지 설치한 상태이다. 하지만, 낮은 칸막이고 얼마든지 옆에 누가 누워있다는 것은 느낌으로도 알 수 있다. 발생할 수 있는 문제 상황은 항상 예측하는 버릇이 응급상황을 줄이고 막상 발생하였다 하더라도 덜 당황하고 즉각적인 대응이 가능하기에 특별히 조심하면 좋을 것이다.

또한 아이들은 위험한 놀이를 즐길 때가 있다. 한때는 기절 놀이가 유행했다. 순간적으로 뒤에서 목을 쳐서 기절시키는 놀이인데, 아이들이 기절하는 순간 판타지 같은 기분을 느낄 수 있다고 한다. 중학교에 근무설 때, 기절 놀이로 아이가 쓰러지면서 바닥에 머리를 박았다. 다른 아이가 '픽'하는 소리에 놀라서 보건실로 그 아이를 데려왔다. 일단, 아이는 'close observation' 대상이다. 밀접 관찰. 바로 아이를 병원으로 보내기에는 애매했다. 급하면 119를 부르겠지만 그런 상황도 아닌 것 같고 일단 상황을 더 지켜보아야 했다. 사실, 119를 학교에 부르는 것은 조심스럽다. 다른 아이들이 심하게 동요되기 때문이다. 교직원들도 마찬가지이다. 동네 아파트에 구급차가 번쩍이는 불빛을 보이며 주차하게 되면 무슨 일인가 하고 주민들이 모여들 듯이, 학교 아이들은 더욱 호기심이 발동하여 웅성거리게 되어 학교는 어수선한 분위기가 조성된다. 그래서 꼭 필요한 경우가 아니면 될 수 있으면 119는 부르지 않으려 한다. 꼭 필요한지 아닌지 쉽지 않은 판단을 내려야 하지만 어찌하였든, 환자도 생각하고 학교 다른 아이들도 생각하면서 결정을 내려야 한다. 일단 기절했다

회생한 아이는 침대에 눕혀서 상태를 관찰하는 것으로 우선 처리한다. 만약, 구토 증상이 있거나 속이 안 좋으면 바로 이야기해달라고 아이에게 요청한다. 그리고 기본적인 혈압이나 맥박 기타 외관상 모습을 확인한다. 다행히 아이는 퍽하고 쓰러질 때 소리 난 것에 비해 염려하던 증상은 보이지 않았다. 그래도 몰라, 담임교사와 학부모에게 상황설명을 드리고 잘 관찰하며 구토 증상이 있으면 바로 병원 방문하도록 전화할 것을 요청했다.

응급상황은 매일 있는 일이 아니기에 더욱 긴장한다. 매일 있는 일들은 일의 경중을 떠나서 반복 활동을 통해 적응한다. 코로나19 대응을 겪으면서 예방관리에 필요한 다양한 일들이 막상 확진자가 발생했을 때의 일의 부담에 비해 절대 적지 않다고 생각한다. 그래도 매일 하다 보니, 코로나19 예방관리 일들이 적응되었다. 아침마다 자가 진단 체크하고, 수시로 방역수칙에 대해서 메시지 보내고, 밀접접촉자가 발생했을 때 상황을 공유하고, 자가격리자가 나올 때는 교육청 보고하고, 담임선생님이나 기타 학부모님들 문의 전화 올 때 전화 대응하고…. 쓰다 보니, 확진자 발생했을 때 대응할 일보다 평상시 하는 일들이 더 많다는 것이 확인된다. 그래도 매일 하다 보니, 그런대로 익숙해져 일도 손에 붙으면서 속도가 나고 속도가 나는 만큼 일도 수월해진다. 하지만 응급상황은 그렇지 않다. 적응을 위해 매일 응급상황을 만날 수 있는 것은 아니다. 잊을 만하면 한 번씩 발생하는 것은 응급상황이란 점을 인지해야겠다. 응급 대응에 다른 비법은 없다. 마음가짐을 가다듬는 것이 중요하다. 군인이지만 전쟁을 염두에 두지 않는 군인은 반쪽짜리 역할만 하는 군인이듯이, 보건교사이면서 응급을 염두에 두지 않는 보건교사 역시, 제대로 역할을 못 하는 불안전한 보건교사라고 생각한다. 어느 상황에서든 응급이 발생할 수 있고, 그 응급상황이 발생할 수 있는 상황들을 예측하여 주의 관리하는 것이 필요하겠다.

그 외, 학교에서 다양한 응급상황들이 발생할 수 있다. 병원 응급실 경험이 있는 보건교사라면 덜 긴장하고 즉각적으로 대처할 수 있겠고, 설사 그런 경험이 없더라도 조금만 주의하고 예측한다면 빠르게 대응할 수 있다. 일상에서 발생할 수 있는 소소한 응급상황들은 미리 발생하지 않도록 예방 관리하면 좋을 것이다. 그리고 급작스럽게 일어나는 사고 같은 경우, 즉, 쓰러지면서 머리를 심하게 부딪치거나, 심장 발작 때문에 심정지 상황이 발생했다거나 하는 상황에 대해서는 평상시 준비해야 한다. 수시로 업그레이드된 응급상황대처법에 대해서 자료들을 모으고 확인하며, 무엇보다 마음가짐을 잘 가다듬어야겠다. 학교에서 의료인은 보건교사뿐이다. 긴박한 응급상황에서 상의할 사람은 학교 내에서는 없다. 스스로 능력을 키우는 방법이 응급 대응에 최고의 대처법이다. 건강에 문제를 일으킬 수 있는 환경적인 문제는 잘 관찰해서 관리자에게 알려 개선될 수 있도록 하고 학생들의 행동들이 문제라고 파악된다면 학생 지도를 위해 여러 선생님에게 협조를 구해야겠다. 응급상황, 무방비 상태에서 겪을 때 당황하여 제대로 처리를 못 하는 것이지 평상시 염두에 두고 긴장한다면 쉽게 대응하고 후유증 없이 잘 치료될 수 있도록 도와줄 수 있을 것으로 생각한다. 시기적절한 응급 대응, 오히려 보건교사의 존재감을 각인시키는 기회가 됨을 인지하자.

간호사 8시간 보수교육 챙겨라

　복직하면서 가장 염려한 것이 간호사 보수교육이었다. 4년간 휴직 중에 한 번도 생각하지 못했다. 가만히 생각해보니, 휴직 전, 해마다 간호사 보수교육을 받았다. 휴직했다고 이것을 안 받아도 되나? 하는 의심이 생겼다. 휴직하는 동안 이수하지 않았기 때문에 은근히 걱정되었다. 뒤늦게 인지하게 된 문제였다.

　보건교사이기 때문에 받아야 할 의무교육 연수는 특별히 없다. 전문가로서 능력을 유지 증진하기 위해 보건교사 단체 자체 차원에서 준비한 연수를 받을 뿐이다. 이것뿐 아니라 보건교사는 스스로 능력향상을 위해 상황에 맞는 노력을 하고 있다. 나는 4년간 휴직 후 복직했다. 언제 4년이 흘렀나 싶게 시간은 빨리도 지나갔다. 아이 키우는 엄마들은 다들 느낄 것이다. 육아의 시간이 녹록하지 않지만, 시간은 참 빠르게 지나간다는 것을. 나 또한 역시 그렇다. 육아가 휴직의 주된 이유였던 나는 아이들과 함께 정신없이 시간을 보냈다. 아이들 어느 정도 키우고 복직을 하려고 정신 차려보니 4년이 훌쩍 지나 있었다. 복직하고 보니, 시대적 위기인 코로나19 상황이라 걱정이 많았다. 오랫동안 쉰 만큼 보건 업무의 모든 것이 익숙하지 않은데다가 코로나19 대응까지 해내야 한다. 보건의 기본업무에 대한 적응은 둘째이고 당장 코로나19를 어떻게 대처하는가? 하는 고민에 쌓였다.

공문을 무조건 여러 번 읽었다. 학교에 혼자 있는 보건교사로서 코로나19 대응에 대한 막중한 책임감을 느꼈다. 보건교사는 학교 내에서 누군가와 편히 상의할 수 있는 업무 상황이 안 된다. 방법은 이것뿐이다. 그전 보건 선생님이 해온 업무들을 출력해서 공부하고 교육청 지침들에 대한 공문을 파악하는 것이었다. 퇴근할 때는 산더미처럼 출력물들을 챙겼다. 집에 있는 동안, 짬짬이 읽었다. 식사 후 잠시 TV 보는 시간 대신, 공문을 보았다. 잠자기 전에도 잠시 공문을 펼쳤다. 그렇게 읽고 또 읽는 사이에 코로나19 대응 방법에 대한 머리 안 지도가 그려졌고, 그나마 이제 한번 해보자 하는 자신감이 붙기 시작했다. 스스로 읽고 배우고 느끼고 상상하는 것만이 보건 업무의 공백을 채우는데 일등 공신이란 생각이다. 보건교사는 스스로 배워가는 것이 최고의 보수교육인 셈이다.

간호사 보수교육 문제를 해결하기 위해 보건교사 단톡방에 질문 글을 올렸다. 복직 후, 코로나19 관련 업무로 정신없는 가운데서도 간호사 보수교육 문제가 신경이 쓰였다. '간호사 자격증을 박탈당하면 어떡하지?'

라는 걱정까지 되었다. '설마 그렇지 않겠지.' 하는 생각도 있었지만, 아무리 바빠도 이제는 실체를 제대로 확인하자는 각오로 질문 글을 올려본 것이다.

"안녕하세요. 선생님, 제가 휴직으로 4년 동안 보수교육을 못 받았는데 어떻게 하면 될까요? 혹시 아는 분 있으시면 답변 부탁드립니다."

조마조마하는 마음으로 답글을 기다렸다. 누군가가 답을 해줄 것이며, 그런데 그 답이 아주 부정적인 답일까 봐 두려웠다. 하지만 한참이 지나도 답 글을 올리는 사람이 없었다. 사실, 휴직을 하더라도 4년 동안 하는 사람이 많지 않기 때문일 것이라 추측을 했다. 보통은 1년이나 2년 정도 하고 복직하는 경우가 대부분이기에 답하기도 애매했을 것 같다. 하루 정도 시간이 지났을까? 누군가 답 글을 올렸다. "선생님 그거 유예인지 면제인지 확인을 해보셔야 할 거예요." '아? 유예와 면제?' 단어가 생소했다. 일단 고맙다는 인사를 글로 올리고 나는 '대한 간호협회' 홈페이지를 찾았다. 그곳에 상담 전화번호가 있어서 전화해서 물어보았다. 답 글을 준 그 교사의 말이 맞았다. 보수교육은 면제와 유예가 있었다. 휴직일 때 면제에는 해당이 되지 않는다. 유예는 간호 관련 업무를 하지 않는 경우 다시 복직하여 업무를 하는 해에 한꺼번에 보수교육을 신청하면 된다고 했다. 유예 신청 때 그동안 간호 관련 업무를 하지 않은 증빙서류를 첨부하게 되어 있다. 나의 경우에는 휴직 기간이 나온 경력증명서를 첨부했다. 자료만 첨부하면 간단하게 유예가 되었다.

복직 후에 20시간 보수교육은 1년 안에 받으면 된다. 20시간의 보수교육을 근무하면서 시간을 내서 받아야 한다. 해마다 받는 8시간에 그동안 못 받은 12시간을 합해서 20시간이다. 일을 하면서 20시간 교육 이수하는 것이 생각보다 쉽지는 않았다. 자신이 노력해서 그 시간을 따로 확보하여 연수를 들어야 한다. 현재 9월이니 아직 시간은 남았다. 그래도 일단, 내가 받아야 할 보수교육의 시간을 확인했으니, 들을 연수를 신청하고 열심히 듣는 일만 남았다.

보수교육용 연수는 주로 대한간호협회 홈페이지에서 확인할 수 있다. 홈페이지에 들어가면 보수교육을 받을 수 있도록 보수교육에 관련된 연결 주소로 건너갈 수 있도록 안내가 되어 있다. 그것을 타고 들어가면 연수를 신청할 수 있는 곳이 있다. 이미 많은 연수 프로그램이 금액과 함께 전시되어 있다. 그중 마음에 드는 연수, 듣고 싶은 연수를 클릭해서 결재하고 들으면 되는 시스템이다. 한 가지 궁금한 점이 생겼다. 학교에서 근무하다 보면, 좋은 연수에 대한 안내 공문이 많이 온다. 그래서 그것을 받으면 보수교육으로 인정을 받을 수 있느냐 하는 것이다. 그래서 질문을 했다. 하지만 그런 것은 인정이 안 된다는 대답이 돌아왔다. 이미 대한간호협회에서 검정한 연수 프로그램을 올려두었고, 그 연수만이 보수교육으로 인정을 받을 수 있다는 답변이었다. 조금 아쉬웠지만 어쩔 도리가 없다. 보수교육 선택의 폭이 조금 더 넓어졌으면 하는 바람이 있다. 이런 생각을 하는 이유는 대한간호협회의 연수들이 너무 이론 중심이 아닌가 하는 생각이 들어서이다. 각 현장에 필요한 연수는 각 현장에서 추천하는 연수들이다. 학교, 산업기관, 병원에서 간호사들이 저마다 반복해서 익혀야 할 중요한 내용이 많다. 실제 현장에서 간호사들에게 필요한 연수 위주의 보완이 되었으면 하는 생각을 해보았다.

해마다 받는 간호사 보수교육 연수 방법은 매우 엄격하다. 코로나19 전에도 하루 꼬박 8시간을 채워야 한다. 교육 전 사인을 하고 교육이 끝나기 전 역시 사인을 해야 한다. 중간에 급한 일이 생기더라도 보수교육을 우선시하여 자리를 끝까지 지켜야 한다. 하지만 코로나19 상황이라 대면이 아닌 온라인 교육으로 대체되었다. 그래서 비슷한 관리원칙이 적용되어, 화면에 피교육자의 얼굴을 계속 보여주고 있어야 한다. 간혹, 비디오 중지를 해서 잠시 볼일을 보는 줌의 시스템은 무용지물이 될 것이다. 항상 비디오 ON 상태에서 자신의 얼굴이 잘 찍히도록 해야 한다고 한다. 이렇기에 근무 없는 날로 보수교육 날짜를 선택했다. 직장에서 일하면서 온라인으로 하는 줌 교육은 불가능하다고 판단했기 때문이다. 나중에 단톡방에서 보니, 보수교육 연수 여부가 엄격하게 관리된다는 사실을 모르고 업무시간 중에 교육받은 보건교사는 고생했다는 소식을 접했다. 날짜를 바꿀 수도 없고 코로나19 대응으로 힘든 상황에서 보건교사들이 보수교육 받는다고 이중고를 겪고 있다.

학교에서 근무서다 보면, 간호사란 신분보다는 보건교사란 생각을 더 많이 하게 된다. 간호사이기 때문에 보건교사의 존재가 가능하다는 것을 잊어버린다. 그래서 해마다 8시간 의무보수교육을 받더라도 특별히 그것이 보수교육이라고 생각하지 않고 받는다. 하지만 엄밀히 그것은 보건교사이기 전 간호사로서 자격을 유지하기 위한 법적 의무교육이란 점을 인지해야겠다. 교육을 받는 입장에서 교육의 내실이 있나 없나를 떠나서 그렇게 교육을 받음으로 기본적인 지식을 잊지 않고 계속 유지하게 된다. 외국에 살다 온 어린아이들이 영어를 계속 공부하지 않으면 그 영어 능력이 자신도 모르게 사라지듯이, 간호사로서 기본지식은 반복하지 않으면 잊어버리게 된다. 복직하는 간호사들도 복직 후 그 해에는 못 받은 모든 연수를 받아야 한다는 사실, 참고로 기억하면 되겠다. 보건교사, 학교에서 하는 일이 병원의 간호사 일과 다소 다르다 하더라도 기본적으로 그 맥은 같기에 간호사 보수교육을 통해, 해마다 간호 전공지식을 재인지하고 역량을 업그레이드 할 수 있기를 바란다.

보건교사는 건강 전문가임을 기억해라

코로나19 상황이 길어지다 보니 사람들은 서서히 지쳐가고 있다. 처음 코로나19 발생이 시작한 것은 2019년 11월쯤인 것으로 기억한다. 끝날 기미를 보이지 않자 대중의 방역 의욕은 조금씩 떨어진다. 백신 접종률이 높아지고 있지만, 신규 확진자 수는 2,000명대를 넘었다. 매일 뉴스에서는 코로나19 관련 기사를 접하고 있다. 이제 추석 명절을 앞두고 또 한 번의 확진자 수의 급증을 염려하고 있다. 명절이지만 될 수 있으면 이동 자제를 권하고 있으며 주변 사람들도 고향 방문을 미루기도 한다. 이런 상황 중에도 남편은 지방을 내려간다고 말했다. 고향에 밤나무가 있어 그 밤을 따야 한다는 목적으로 차편이 없는 것을 걱정하면서 이야기한다. 처음에, 나는 지방에서 제사를 지낸다고 생각했다. 큰댁이 서울에 있지만, 간혹 지방에서도 제사를 지낸 적이 있었기 때문이다. 하지만 명절 제사를 위한 방문이 아니었다.

아이들도 어린데, 만약, 남편이 코로나19 양성판정을 받는다면 가족 전체가 전염될 수 있다. 엄마인 내가 양성판정을 받으면 시설로 이동하여 격리되어야 한다. 그 당시, 확진자는 가정에서 격리하는 것이 아니라 다른 시설로 이동해야 한다. 정말 영화의 한 장면이 연출될 것 같다. 하얀 복장을 한 방역 팀 여러 명이 집안을 방문하여 확진자를 차에 태우고, 집안 소독까지 하고 '부릉' 떠나는 모습. 상상만 해도 싫다. 우리 집에서는 그런 일이 발생하지 않도록 조심해야겠다는 생각이 든다. 되도록 불필요한 활동이나 이동을 자제해야 한다. 그런데, 남편은 이 시국에 밤 따러 간다니, 이럴 때는 이해 불가 상태가 된다. 그것도 대이동이 예상되는 추석 명절에. 그래서 강력하게 반대했다. "만약, 당신으로 인해 나라도 양성이 된다면, 내 직장도 문제겠지만, 아이들 어린데, 누가 돌볼 수 있겠나?" 이렇게 말하고 보니, 정말 아주 큰 일이란 생각이 든다. 어린아이의 엄마가 양성일 때 어린 자녀들은 어떻게 지내고 있는지 갑자기 궁금해졌다. 돌볼 다른 가족이 있다면 괜찮겠지만 우리처럼 아무도 없으면, 아이들이 불쌍하게 될 것이 뻔하다. 아이들을 위해서라도 아빠나 엄마는 코로나19에 감염되면 안 된다. 엄마는 아이들을 가장 먼저 생각하고 지키려 한다. 만일의 문제 상황을 미리 방지하려는 직감적 대응력을 발휘한다. 아이 지킴이, 가정 지킴이의 전문가인 엄마가 이 코로나19 시국에 나서지 않을 수 없다.

학교에서 건강 전문가는 보건교사다. 학교 내 건강과 관련된 전반적인 관리에 보건교사는 누구보다 책임감을 느끼고 있다. 코로나19 상황에서도 마찬가지이다. 코로나19 상황에서 확진자가 발생하기 전에 예방관리가 중요한데, 전면등교를 앞둔 시점에서 하나하나 체크할 필요성이 있다. 코로나19 확진자 수가 늘면서 교육부는 2/3 등교를 시행했다. 밀집도를 줄이기 위함이다. 전염병의 확산은 밀집된 장소에서는 기하급수적으로 증가하기 때문에 등교하는 학생 수를 줄였다. 보통 고등학교에서는 고3은 필수로 등교하고 고2 학생과 고1 학생들이 격주로 등교했다. 학교마다 조금씩 차이는 있지만, 인원수에 있어서는 2/3 등교 방침대로 운영이 되었다. 그러다가 이제 2학기부터 추석을 기점으로 추석 후부터 전면등교를 계획하고 있다. 1, 2, 3학년이 모두 등교하는 전면등교를 앞두고 코로나19 평상시 예방관리를 어떻게 해야 할지 고민스러워진다.

방역 인원이 1학기에 비해서 1명이 줄었다. 방역 인원이 1학기 때는 3명이 지원되었다. 시청에서 한 사람, 교육청에서 두 사람을 지원했다. 방역 인력이 학교 내 전반적인 소독을 시행하였고 코로나19 예방에 여러모로 도움이 많이 되었다. 소독은 바쁜 담임선생님 대신에 학생들이 있는 교실이나 수업하는 특별교실 위주로 했다. 고3 교실은 매일 등교를 하니, 매일 소독을 시행했다. 수업 시간 중에는 교실 밖 문 손잡을 소독했고 쉬는 시간에는 교실 안으로 들어가서 책상이며 교탁, 아이들의 손이 많이 가는 부분을 닦았다. 어떤 학생은 자신의 책상을 스스로 닦겠다고 하는 학생도 있었다고 한다. 코로나19 대응을 스스로 철저히 하는 아이인 셈이다. 그런 아이들 이야기를 들으면 흐뭇해진다. 별로 신경 쓰지 않고 생활하는 아이들도 많은데, 코로나19에 조심하니 보건교사로서 듣기에 좋고 안심이 된다. 또 다른 교실, 1학년, 2학년 교실도 마찬가지로 소독을 하는데, 학생들이 격주로 학교를 나오니까, 다음 주에 나오는 학년 교실은 목, 금으로 교실에 들어가 전체적으로 한 번씩 소독한다. 방역 요원 3명은 오전 2명, 오후 1명 나누어서 소독하고 소독한 장소를 기록으로 남겼다. 그런데 2학기에 들어오면서 방역 요원 1명이 줄었다. 2명의 방역 요원을 활용해서 아이들 교실 위주로 수업 전과 수업 후로 나누어 일상 소독이 가능하도록 계획을 세웠다.

급식실 소독을 위해 영양교사가 인력지원을 요청했다. 2학기에 접어들면서 급식실에서는 식탁마다 칸막이를 설치했다. 식사할 때 마스크를 벗기 때문에 투명 칸막이를 설치하여 최대한 접촉이 되지 않도록 하기 위함이다. 그래서 칸막이 소독의 업무가 새롭게 생기게 되었다. 오전 방역 요원은 아이들 급식할 때 체온측정을 한다. 학년마다 급식 시간이 나누어져 있어서 대략 총 30분가량 체온측정을 하고 있다. 얼마 전, 자동체온계를 설치하여 그 시간 동안 식당 칸막이 소독을 도와주면 안 되겠느냐는 요청이었다. 한편으로 맞는 말이기는 하지만, 급식지도 선생님들이 바빠서 참석하지 못하면 학생들의 급식 전 체온측정과 손 소독이 잘 이루어지지 않을 가능성이 있다. 그래서 나는 순간적으로 고민했다. 칸막이 소독이 중요한지 아니면 식사 전 아이들의 체온측정과 손 소독이 중요한지. 인력은 제한되어 있고 2가지 중 하나를 판단해야 한다. 보건교사인 나는 코로나19 대응과 기타 학교 전체의 건강관리를 위해 학교에서는 가장 전문가이기 때문에 좀 더 신중하게 움직이려 한다. 칸막이 소독도 중요하지만, 코로나19 의심의 기준이 발열 증상인 만큼, 발열 학생을 가려내는 것이 더 중요하다는 판단을 결국 하게 되었다.

급식실에서 이런 요청이 왔을 때 나는 마음이 흔들렸다. 당장, 요청한 대로 협조하겠다고 말하고 싶었다. 교감 선생님과 부장 선생님이 철저한 급식지도를 선생님들에게 당부한다고 하더라도 바쁜 상황에서는 어쩔 수 없이 빠질 수 있고 이것은 의지만으로 가능한 것이 아니라는 것을 과거 비슷한 경험을 통해서 알고 있다. 교내 일상 소독과 학교 내에서 하루 2번의 체온측정이 이루어지는 시스템을 안정적으로 세팅해 두는 것이 코로나19 확산 방지 및 예방관리에 중요하다고 여겨진다.

학교 건강관리와 감염병 관리에서 가장 전문가는 보건교사이다. 현재 코로나19 감염관리가 보건의 어떤 일보다 중요하다. 보건 관련 업무가 혼자서는 할 수 없는 일이지만 그래도 보건교사의 역할이 막중함을 기억해야겠다. 일반 교사가 가르치는 것에서 전문가라면 보건교사는 건강관리의 전문가라고 할 수 있다. 건강 관련해서 그 누구보다 중심적 역할을 할 수 있도록 몸과 마음으로 준비하고 노력함이 요구된다. 보건교사는 평상시 관련 자료를 읽고 공부하는 습관이 필요하겠고 문제가 발생했을 때 즉각적으로 움직일 수 있는 시나리오를 구상하고 있어야 한다. 건강관리를 위해 응급상황이 발생했을 때 처리하는 방법, 코로나19 확진자 발생했을 때 대응 방법을 세세하게 글로 작성하여 상황이 발생했을 때, 당황하지 말고 바로 행동을 취할 수 있도록 해야겠다. 또한 평상시 관리도 중요하겠다. 사실, 어쩌면 평상시 예방관리가 사안이 발생했을 때의 대응관리보다 더 중요하다고 생각한다. 예방관리가 철저하게 이루어진다면 사안의 발생을 최대한 막을 수 있다. 전문가이기에 예방이 중요하다는 것을 알고 있으며, 그래서 무엇을 어떻게 해야 할 것인가에 대한 아이디어도 생긴다. 누군가가 궁금한 것이 있어 질문했을 때, 바로 답이 나올 수 있도록 하는 정도면 가장 좋겠지만 보건교사도 하는 일이 많다 보면, 대답 전 확인이 필요할 것이다. 확인 과정을 통해서 스스로 한 번 더 배우는 기회를 얻으며 질문한 사람에게는 확실한 정보를 주게 되어 여러모로 책임감 있는 보건교사가 된다. 보건교사에게 첫 번째로 요구되는 부분이 전문가의 마음가짐이다. 학교보건과 코로나19 대응에 있어서 학교 전문가는 바로 보건교사임을 잊지 말아야겠다.

우선순위를 정하고 일해라

출근 전 나는 바쁘다. 루틴으로 하는 일이 여러 개 있다. 루틴의 일 중에 꼭 챙기는 것은 꼭지 글쓰기이다. 책을 쓰기 위해 가장 최소단위의 글은 꼭지 글이다. 1꼭지 다 못 쓸 때도 많지만 이 꼭지 글을 매일 쓰려고 한다. 일하는 엄마지만 책 쓰기의 가치를 깊이 느끼고 있기에 이제는 쓰고 읽는 것을 계속하지 않을 수가 없다. 직장 다니고 아이 키우면서 어떻게 책을 쓰냐고 질문하는 사람도 있다. 나는 이렇게 답한다.

"직장 잘 다니고 아이 잘 키우기 위해서 저는 씁니다."

어느 정도 쓰는 방법에 익숙해진 나는 책 쓰는 이유가 그것이다. 직장에서도 도움이 되고 아이 키우는 데도 힘을 얻을 수 있는 것이 바로 책 쓰기이다. 책 쓰기는 계획을 세워 진행하고 있다. 아침마다 쓰는 데까지 욕심내지 않고 쓴다. 다음 날에 쓰던 글을 이어서 쓰고 완성한다. 사실, 시간이 부족하다. 아침 기상 시간을 당기려고 노력 중이나, 아직 원하는 시간에 기상을 실천하지 못한다.

이렇게 아침 시간이 부족하지만 쓰기 전에 나는 손톱부터 깎는다. 자판을 쳐야 하는데 손톱이 길면 자판 소리가 커져서 몰입도가 떨어진다. 또한 부드러운 자판 치는 느낌을 가질 수 없어서 이것 또한 집중도를 잃게 만든다. 손톱을 깎으면서도 '이것이 무엇이라고 그냥 하지.'라는 생각도 든다. 하지만 나에게는 짧은 손톱이 글을 쓰기 위한 가장 우선되는 일인 것이다. 짧은 손톱으로 자판을 두드리면 자판도 더 빠르게 칠 수 있고 집중 할 수 있어 확실히 1꼭지 글을 쉽게 쓴다. 이것을 알기 때문에 나는 시간이 없더라도 글쓰기 전에는 손톱을 깎는 것을 우선으로 한다.

보건 업무를 할 때도 우선순위가 필요하다. 우선순위를 정하는 이유는 역시 일의 효율을 높이기 위해서이다. 업무 범위가 넓고 해야 할 일의 가지 수가 많아서 꼭 활용하면 좋다. 어제 하루 한 일을 되새겨보았다. 요즘 출근하자마자 제일 먼저 하는 것이 전 교직원과 학생들의 코로나19 자가 진단 실시 여부를 체크하고 독려 버튼을 누르는 것이다. 코로나19 확진자가 계속 줄지 않고 늘어나는 상황이라 집중적인 관리가 여전히 필요한데, 그런 관리를 위해 가장 기본이라 할 수 있는 자가 진단 체크 및 독려를 우선으로 한다. 자가 진단 체크는 학생 따로 교직원 따로 되어 있다. 학생은 30학급으로 720명 정도 되는데, 아침 9시쯤 등교를 완료한 후 자가 진단 앱에 들어가면 대략 130명 정도 학생들이 체크를 안 한 것을 확인한다. 1교시 수업이 시작하기 전에, 독려 버튼은 3번 단위로 누른다. 그러면 얼추 80명, 70명대로 미시행 인원이 내려간다. 교직원 같은 경우 대부분 자가 진단 체크를 잘하고 있으며 간혹 당일, 1~2명 정도로 체크를 하지 않는 경우가 있는데, 그것은 관리자가 독려하고 있다. 확실히 관리자가 나서서 독려할 때 인지가 잘 되고 자가 진단 체크율이 높아지는 듯하다.

어제는 고3 졸업앨범 촬영이 있었다. 촬영 담당 선생님은 그 전날 의자를 이동, 배열하고 다음 날 일찍 촬영을 할 수 있도록 했다. 90명이나 되는 교직원들이 다 모여서 사진 찍는 것도 시간이 걸린다. 찍는 것은 한순간이지만, 각자 하는 일도 장소도 다르다 보니, 모이고 준비하는 시간이 소요되는 듯했다. 촬영이 끝나고 보건실로 와서 본격적으로 일을 시작했다. 추석이 코앞이다 보니, 추석 방역수칙 준수 강조에 대한 가정통신문을 만들어 결재 올려야 한다. 방역수칙 준수 안내는 문자로도 수시로 나간다. 하지만, 결국 확실히 일한 흔적은 결재이기 때문에 가정통신문도 중간에 만들어서 공식적으로 남길 수 있도록 한다. 또한 담임교사에게 코로나19 검사 및 격리 통보받은 학생현황을 받아야 한다. 이것은 일일 보고를 위해 필요한 것이기도 하고 학생 코로나19 현황을 인지하기 위함이기도 한다. 메시지를 보내면 바로 연락을 주는 경우가 많다. 바쁜 업무 때문에 잊어버리고 있다가 메시지를 받고 생각나서 연락한다. 메시지가 담임선생님들의 코로나19 현황 보고라는 기억을 되살릴 수 있어서 메일 보내는 것이 미안스럽기는 하지만 매일 메시지를 보내고 있다.

코로나19 상황이라 코로나19 업무가 주가 된다. 급식실에서 식탁 칸막이 소독 협조 요청을 하여 간단히 보건실에서 협의회를 했다. 방역 요원이 1학기에 비해 1명이 줄어든 상태라 협조를 못 하게 되어서 마음이 안 좋았지만, 학교 전체 방역이 우선이니 영양교사에게 이해를 구했다. 방역 요원은 오전, 오후로 1명씩 나오는데, 방역 요원에 대한 업무지시 및 관리도 해야 한다. 두 사람이 아주 성실하고 알아서 일하는 스타일이라 일단 안심이 되었고 그래도 가끔 확인하는 일이 필요하다. 또 어제는 고3 시력 측정이 있었다. 시력 측정은 측정 후 나이스에 기록을 하는데 결과치를 기록하는 것이 아니라 실시한 날짜와 실시한 기관만 기록한다. 요즘, 워낙 눈이 안 좋은 학생들이 많아서 스스로 안과를 자주 다니는 추세로 굳이 학교에서 하지 않아도 될 것 같은데, 아직 경기도에서는 실시하고 있다. 서울 같은 경우에는 학교 내 시력 측정이 없어졌다고 한다. 어찌하였든, 시력 측정은 어제 졸업앨범을 찍으면서 교실에서 측정할 수 있도록 준비물을 미리 담임에게 건네주고 교과 선생님이 측정하는 것으로 했다. 과거에는 하루 날을 잡아서 했는데, 지금은 남는 시간을 활용해서 측정하기도 한다.

보건실을 찾는 아픈 학생들을 돌보면서 중요한 보건 업무를 한다. 보건실의 도움이 필요한 학생들은 특별한 시간이 없다. 수업 시간에도 쉬는 시간에도 점심시간에도 수시로 찾기 때문에 아이들이 보건실을 찾을 때는 하던 일을 잠시 중단해야 한다. 그래서 하던 일이 연결되지 않고 자주 끊긴다. 중단했던 일들을 다시 이어서 하는데 또, 시간 소요가 필요하다. '일이 왜 이렇게 진행이 되지 않지?'라고 처음에는 생각했는데, 그 이유가 아이들을 간호하면서 일을 해야 하기 때문이란 것을 인지하게 되었다. 어떤 날은 아이 처치, 간호하다가 하루가 지나간 날도 있다. 해야 할 일을 명확하게 정하지 않으면 중심을 잃고 학생들 기본적인 처치하는 일들로만 하루를 끝나버리기도 한다. 그래서 더욱 할 일을 정하는 우선순위 실천계획이 필요하다.

우선순위를 정하는 기준은 크게 4가지로 정할 수 있다. 시대적 상황, 학교 상황, 보건 업무의 상황, 보건교사 개인의 상황이다. 차례대로 살펴보자면 다음과 같다.

첫째, 시대적 상황

요즘 가장 중요한 보건 업무 중의 하나가 코로나19 예방과 대응이다. 전 세계적 코로나19 상황에서 코로나19 대응처럼 중요한 일이 없다. 하루 보건 업무의 2/3를 코로나19 관련 일을 하는 것 같다. 전체 메시지와 담임에게 보내는 메시지 대부분이 코로나19 관련 내용이다. 주로 방역수칙과 교내 밀접접촉자 상황공유들이다. 또한 방역물품 관련 업무들로 필요 물품 파악 및 구매이다. 마스크, 손소독제, 환경 소독제, 폴리 글러브, 행주, 체온기 등이다. 마스크 구매에서도 시행착오가 있다. 어떤 브랜드는 대형 마스크이지만 고등학생이 사용하기에도 작은 것이 있다. 대량으로 살수록 그런 마스크는 국고 낭비가 된다. 그래서 시범적으로 소량으로 사서 확인하고 대량구매를 해야 하는 섬세함도 필요하다. 코로나19 대응으로 보건 업무에 대부분 시간을 투자해야 할 줄은 몰랐다. 하지만 코로나19 대응을 잘해 학교 내 전염병이 확산하지 않도록 하는 것이 지금 시점에서는 가장 중요한 보건 업무이다.

둘째, 학교 상황

학교마다 보건 중점업무가 조금씩 다르다. 학교가 달라지면 학교 구성원이 달라진다. 학교 구성원은 대표적인 사람들이 학생들이다. 학생의 특성에 따라 보건 업무와 역할이 조금씩 달라진다. 기본적인 의료인의 역할을 같지만, 그 외 요구되는 요구도가 달라짐으로 그것에 맞게 업무도 달라지는 것이다. 예를 들어, 동아리 활동을 집중해서 해야 하는 학교가 있고 또 다른 학교는 좋은 대학입시를 위해 보건 업무 위주로 충실히 일하면 되는 학교가 있다.

셋째, 보건 영역의 상황

보건에서 기본적이면서 꼭 해야 할 일들이 있다. 1년 살림살이 계획이라고도 할 수 있는데, 그 내용은 소속된 도 교육청에서 지역교육청으로 내려오고 지역교육청에서 해당 학교로 하달되는 필수 업무이다. 공문을 바탕으로 보건 업무 연간계획을 세워서 계획대로 추진해야 한다. 대표적인 일이 건강검사, 소변검사, 결핵 검사, 기타 여러 일이 해당하겠다.

넷째, 보건교사 개인적인 상황

보건교사 개인 상황에 따라 업무의 우선순위가 달라진다. 저마다 관점이나 역량이 달라서 집중하는 업무가 다르다. 기본적이고 핵심적인 업무는 놓치지 않으면서 보건교사 각자의 개성 있는 보건실 운영을 하면 된다. 신규 보건교사라면 나는 어떤 업무에 좀 더 중점을 둘 것인지 기본적인 업무가 익숙해진 후 자기만의 색깔을 드러내도 좋을 것이다. 얼마든지 재량껏 보건실도 꾸미고 자신의 역량이 발휘되는 보건 업무에 중점을 둔다면 인정받는 보건교사가 될 것으로 생각한다.

보건교사는 보건 업무를 할 때 우선순위를 정해서 일하는 습관을 들여야 한다. 우선순위를 활용하면 오히려 점점 일을 많이 하면서 잘하게 되는 것을 느낄 수 있다. 보건 일은 기본적으로 해야 할 일들이 많아 아침 출근했는데 금방 퇴근할 시간이 된 기분이 들 때가 많다. 우선순위를 정하면 중요한 일을 놓치지 않게 된다. 이것만은 꼭 해야겠다고 한 일들이 다른 일에 치여서 깜빡할 수 있게 되는데, 우선순위와 그 기록을 통해 그런 불상사가 발생하지 않게 된다. 아침 출근 후 일을 시작할 때부터 우선순위를 적는 것부터 해보자. 첫째, 둘째, 셋째, 때에 따라서는 넷째, 다섯째까지 적어보고 학생이 보건실을 찾아 처치하고 난 뒤에도 다시 하던 그 중요한 일로 돌아와서 마무리할 수 있도록 하자. 우선순위가 일 처리를 그렇게 하도록 만든다. 우선순위의 기준은 시대적 상황, 학교 상황, 보건 업무 상황, 개인 상황에 따라서 정하면 되겠다. 보건 업무가 익숙해지면 자기만의 색깔을 살려 기본적인 보건 업무에 중점업무를 추가하면 좋을 것이다. 보건교사이지만 자신만의 취미로 학생들 동아리 활동의 지도교사가 될 수도 있을 것이다. 여유가 된다면, 심폐소생술이나 응급처치 동아리를 만들어 각종 대회에 참석할 수도 있고, 기본적인 의료인의 역할 외에 다양한 역할을 완성할 수 있다. 건강한 학교를 위해 보건교사는 우선순위를 정해 업무를 해야 한다는 것이 이제는 기본 중에 기본이 되고 있다.

제4장
학교 코로나19 대응은 이렇게 했다

평상시, 코로나19 상황을 모니터링해라

"안녕하세요? S 학교 보건교사입니다. 김철 학생의 코로나19 검사 결과가 나왔습니까?"

"학생 전화번호 좀 알려주세요?"

"네. 아직 결과 나오지 않았습니다. 나오는 대로 알려드리겠습니다."

10시쯤 나는 보건소에 전화했다. 어제 학교 수업받다가 어머님 전화 받고 보건소에 검사하러 간 학생의 코로나19 검사 결과를 확인했다. 보통 검사 후 결과는 1박 2일 정도 걸린다. 병원에 가서 검사하면 비용을 내야 하는 대신 결과는 당일 받을 수도 있지만, 보통은 보건소에서 코로나19 검사하고 결과를 그다음 날에 받는다. 10시쯤이면 벌써 결과가 나왔을 것으로 생각하여 전화했다. 하지만, 아직도 나오지 않았다고 한다. 마음이 초조해진다. 이 학생은 가족 중 확진자가 있어서 양성이 나올 가능성이 크기 때문이다. 긴장된 마음으로 계속 기다리는 수밖에 지금은 다른 방법이 없다.

어제 학부모님으로부터 전화 한 통화를 받았다. 긴장된 목소리였다.

"선생님, 아이 동생의 친구가 확진 판정을 받았는데, 동생 친구가 수요일 날 우리 집에 놀러 와서 3시간 동안 머물렀어요. 그래서 저도 지금, 검사받았고, 큰아이도 검사받으러 가야 할 것 같습니다."

나는 큰아이라는 학생이 검사를 받았다고 잘못 알아들었다. "네, 어머님, 그 학생 검사 결과 나오면 바로 연락 부탁드립니다."라고 말씀드리니, "선생님, 큰아이가 지금 학교에 있습니다."라고 말했다. 아뿔싸!, "네 알겠습니다. 바로 보건소로 검사하러 보낼게요." 전화를 끊고 갑자기 머리가 하얘졌다. 확진된 동생 친구가 집에 놀러 왔었다면, 음식도 먹었을 수도 있고, 그렇다고 마스크를 벗고 한참 동안 있을 수도 있는 상태, 기본적으로 확진 가능성이 너무 크다. 동생이 확진되면, 가족들도 동생에 의해서 전염 가능성이 커진다. 가족들도 안전하지 않은 상태다. 우리 학교 학생인 오빠인 K 군도 전염 가능성 크고, 지금 수업을 받고 있다면, 그 반 학생, 전체도 전염될 가능성이 있는 것이다. 더군다나, K 군이 고3이라서 반을 옮기는 이동수업을 많이 했다. 거의 매일 이동수업이 있어서 3학년 전체가 전염 가능성이 있다. 순차적으로 연이어 이런 생각이 났다. 일단, 진정하고, 보건교사로서 내가 가장 먼저 할 일부터 생각했다.

"부장님, 3-5반 K 학생, 지금 보건소 코로나19 검사 가야 합니다. 학생의 동생이 집에서 확진자와 3시간 동안 놀았다고 합니다." 같은 내용을 정리해서 학년 부장한테 전화했다. 학년 부장은 알겠다고 급히 전화를 끊고, 바로 학생을 2층에 있는 일시적 관찰실로 데리고 왔다. 그사이 나는 KF 마스크를 챙겨서 관찰실 앞에서 기다렸다. 학생들은 주로 KF 마스크 대신 일회용 마스크를 착용한다. KF 마스크가 호흡이 힘들고 종일 착용하기에는 너무 힘들다는 이유로 학생들은 대부분 일회용 마스크를 착용한다. 처음에는 이것이 너무 이상해서, '왜 KF를 안 쓰냐? 될 수 있으면 KF 마스크를 착용해야지.'라고 교육을 했지만 잘 지켜지지 않는다. 사실, 마스크의 효과가 많이 입증된 상태에서 코로나19 상황에서는 좀 힘들더라도 KF 마스크 착용이 맞다. 운동할 때는 호흡곤란을 호소할 수 있어서 일회용 마스크라도 쓰면 좋지만, 그 외 활동 시에는 꼭 KF 방역 마스크 착용이 필요한 것이다. 관찰실로 부장과 함께 온 학생도 역시 일회용 마스크였다. 일단, KF 마스크를 건네면서 마스크부터 교체하라고 말했다. 학생에게는 주의 사항을 자세히 설명하고 보건소로 검사를 보냈다. 검사하러 보건소에 갈 때, 주의해야 할 부분은 다음과 같다.

첫째, 걸어서 보건소에 가기

고등학교는 집이 먼 학생들도 있다. 그래서 버스나 전철을 타고 학교에 오는 경우가 많다. 집이 멀리 있는 학생이면 보호자가 아이를 보건소로 데려가도록 한다. 그 외 걸어서 갈 수 있는 학생은 꼭 걸어서 보건소를 갈 수 있도록 하여, 양성일 경우에 발생할 수 있는 전염 확산을 미리 예방하도록 한다.

둘째, 검사 후에도 걸어서 집으로 돌아가기

검사 후에도 역시 대중교통을 이용하지 말고 집으로 돌아가야 한다. 이 것 또한 양성일 경우를 대비해서 확산 예방 차원이다.

셋째, 다음날 검사 결과 나오면 바로 학교에 연락하기

다음날 대부분 오전에 결과가 나온다. 만약, 양성일 경우 학교에서는 역학조사에 들어가야 한다. 학생의 반부터 시작해서, 해당 학년 검사를 시행해야 하고, 상황에 따라서는 학교 전체 구성원에 대해서 코로나19 검사가 진행된다.

넷째, 검사 결과 나오기 전까지 집에서 머무르기

검사한 사람은 결과 나올 때까지 다른 사람을 만나거나 집 밖을 나가는 것을 지양해야 한다. 나로 인해 다른 사람도 전염될 가능성이 있기 때문이다. 답답하더라도 결과 나올 때까지 집에 머무르며 방역수칙에 따르도록 했다.

다음날이 된 지금 나는 학생의 코로나19 검사 결과를 기다리고 있다. 기다리면서 코로나19 발생 대응계획서를 훑어봤다. 학기 초에 미리 계획

세워 결재를 받은 자료이다. 한 번 더 보강했다. 코로나19 대응 절차도 심플하게 한 장으로 만들어 코팅해두었는데, 그것도 읽었다. 한 장으로 시간 흐름에 따라 간단히 한 문장으로 정리해둔 것이 머리에 인지하기에는 좋다. 잘 대응하기 위해 신경 써서 만들게 된 한 장짜리 코로나19 대응 시간 흐름도가 유용하다. 긴장되고 어수선할 때는 이 한 장으로 대응을 반복하면 된다. 코로나19 대응에서 학교 전체 예방관리도 중요하지만, 더 확산하지 않도록 양성 가능성이 있는 학생 1명을 잘 모니터링하고 즉각적으로 대응하는 것도 중요하다. 지금 나는 후자의 상황에 있다. 현재 시각, 10시 51분, 토요일이라서 그런지 결과가 아직도 안 나왔다.

대응계획을 읽으면서 먼저 조사해야 할 부분이 있다는 것을 인지했다. 확진 가능성이 있는 학생의 전반적인 정보이다. 학생의 기본적인 인적 정보와 증상, 학교생활에 대한 정보들이다. 특히, 이동수업, 동아리 수업, 학원과 같이 주변에 학생들과 접촉할 만한 정보를 미리 파악하기 위해 학생 어머님에게 양해를 구하고 필요한 정보수집에 대한 자료를 보내줄 것을 메시지로 요청했다. 연락이 오면, 바로 행동해야 한다. 음성이면 다행이지만, 양성이면 바로 교육청에 보고 학교 출근해서 역학조사를 준비해야 한다.

학교 내뿐 아니라 학교 밖의 코로나19 상황도 모니터링 해야 한다. 평상시에는 예방관리를 하면서 모니터링하고, 확진이 의심되는 교직원이나 학생이 발생하면 그에 맞추어 주시해야 한다. 학교라는 곳은 집단으로 모여있는 기관이기에 1명이라도 발생하면 대량으로 확진자 판정을 받을 수 있어 더욱 모니터링이 필요하다. 학교 내 코로나19 상황을 주의 깊게 관찰하면 대응도 잘 할 수 있다. 학교 안과 밖의 시기적절한 대응으로 코로나19로부터 학교 구성원의 건강을 지키기 위해 코로나19에 상황에 예의주시해야 함을 잊지 말아야겠다

코로나19 관련 공문은 꼼꼼히 여러 번 읽어라

어떤 일을 하더라도 자신만의 원칙을 세워야 한다. 만약, 원칙이 없다면 매일 다르게 일해야 하고 시간이 지나도 체계를 잡을 수 없다. 일의 속도도 잘 붙지 않는다. 그래서 나는 자기 나름의 원칙을 중요하게 생각한다. 개인적인 일이나 직장에서의 업무도 원칙을 정하고 그것에 따라 움직이려 한다.

"앗, 이게 뭐지?, 왜 이런 냄새가 나지?"
오늘 아침에 분리수거 통에서 갑자기 섞는 냄새가 났다. 분리수거 통을 확인했다. 비닐 수거함에서 나는 냄새이다. 아마도 며칠 전 일회용으로 포장된 알탕을 구매해서 끓여 먹었는데, 각종 해산물이 들어있던 비닐을 씻지 않고 그냥 버려서 나는 냄새인 듯했다. 알탕은 남편이 끓였고, 남편이 비닐 세척을 생략하고 그냥 버린 것이다. 냄새나는 그 비닐을 보는 순간 짜증이 올라왔다. 생선이나 각종 해산물이 담겼던 비닐은 특히 잘 씻어서 버려야 벌레도 생기지 않고 냄새도 안 나는데, 많이 강조한 부분이 잘 지켜지지 않았다. 아이들에게도 요구르트나 비피더스 음료를 마시고 나면 꼭 싱크대에 던져 놓으라고 한다. 마시고 나면 반드시 조금이라도 용기 안에 남아있게 되는데, 그것이 벌레가 생기게 하는 원인이 되기 때문에 반드시 씻어서 버리기 위함이다. 아이들도 간혹 잘 지켜지지 않아 잔소리를 듣는다.

음식 재료가 담긴 비닐이나 기타 음료는 사용 후 세척하고 난 뒤 버린다는 원칙을 잘 실천한다면 위생적이고 냄새 안 나는 집안 환경을 만들 수 있다. 조금 귀찮기도 하다. 매번 씻는 것이. 끓여서 먹을 것이면 당연히 세척하고 깨끗하게 하는데, 굳이 버려야 하는 것까지 씻고 싶지 않은 것이 사람 마음이다. 나도 처음에는 그렇게 생각하여 버리는 것이란 생각에 굳이 씻지 않았다. 하지만 결국 그런 상황에서 좋지 않은 냄새와 환경이 되니 버린후 냄새가 날 가능성이 있는 비닐은 반드시 세척 후 버린다는 원칙을 세우게 되었다.

보건 일에서도 기본원칙이 있다. 그것은 바로 공문을 열심히 잘 읽는 것이다. 공문은 교육청에서 내려오는 업무지침으로 모든 학교가 일사천리로 동시에 일 처리를 할 수 있도록 한다. 일이 손에 익숙하지 않을수록 공문을 참고해야 한다. 4년 휴직후 복직했을 때 가장 난감했던 것이 무슨 일을 어떻게 해야 할지 막막했고 감을 잡을 수 없었다는 것이다. 나는 기억을 의지하려 했다. 기억은 무리였다. 기본적인 보건 업무도 잘 기억나지 않아서 몹시 불안한 마음마저 들어 년 초에는 몸무게가 많이 빠졌다. 나이 들어 웬만해서 몸무게가 빠지지 않는다는데, 마음고생이 심하긴 심했던 모양이다고 생각했다. "일을 잘 모르겠으면 공문을 봐라."라는 지금의 깨달음을 진작 알았다면 이렇게 불안하지도 몸무게가 왕창 빠지지도 않았을 것이다.

복직 후 처음 왔을 때 많은 사람의 도움을 받았다. 3월부터 정식 복직이지만, 나는 2월 말부터 출근했다. 인수인계도 받아야 했고, 또 코로나19 상황이라 준비해야 할 것도 많을 것 같아서였다. 2월 말에 출근해보니 가장 시급한 일이 반마다 코로나19 방역물품을 비치하는 것이었다. 우선, 작년에 교실에 비치한 방역 소쿠리를 수거하는 일이다. 소속만 바꾸고 바로 육아휴직을 들어가서 현재 학교 자체가 처음이고 생소했다. 교실이 어디에 있으며 어떻게 엘리베이터는 사용하는지 아는 것이 별로 없었다. 그럴 때, 소속부장이 각반에서 방역 소쿠리를 수거해서 보건실에 가져다주었다. 정말 가뭄의 단비를 만난 느낌이었다. 지금도 그때만 생각하면 먼저 나서서 도움을 준 부서 부장에게 감사한 마음이다. 또 감사한 한 사람은 그 방역물품을 교실로 이동한 사람이다. 3학년 부장으로 특별한 의식이 없다면 쉽지 않은 일이다. 3학년의 각반 방역물품은 부장이 3학년 교실마다 다니면서 비치하였다. 나머지 학년은 인원 지원을 받아 공익요원과 함께 교실마다 방역물품을 갖다 두었다. 또한 관리자의 적극적인 관심과 도움이 많은 힘이 되어 코로나19 대응 준비에 집중할 수 있었다. 이때 경험으로 한 사람의 작은 도움일지라도 큰 나비효과를 발생시켜 조직의 중요하고 큰일들은 차례차례 완성되어 나간다는 것을 느꼈다.

구체적으로 공문을 읽어야 하는 이유는 중요한 일을 먼저 챙기기 위해서이다. 공문은 매일 교육청으로부터 전달된다. 경기도교육청에서 일선 지역교육청으로 지역교육청은 각 학교로 관련 내용을 내려보낸다. 전산 시스템으로 바뀐 지 오래라 쉽게 공문을 확인할 수 있다. 보건의 다양한 업무 중에서 공문 처리가 가장 기본이며 하루 일의 핵심이 된다. 너무 다급하게 보고해야 하는 공문도 가끔 있다. 방역 당국은 고3 학생들과 고등학교 교직원을 대상으로 백신 접종을 했다. 그 접종이 이루어지기 전, 접종할 명단의 인적 사항을 급하게 보고했어야 했다. 1박 2일 정도의 시간이 주어졌는데, 대략, 300명 이상의 인적 사항을 보고해야 했다. 학교 단위가 크다면 더 많은 인원이 된다. 이때, 코로나19 상황에서 중요한 일인 만큼 긴급회의가 열렸다. 공문 사항을 바탕으로 어떻게 짧은 기간 보고할 수 있을지 아이디어를 내야 했다. 나는 생각했다. 일단, 보고양식을 만들면 고3 각 반 담임들이 그 양식에 맞추어 내용을 입력하고 교직원은 내가 맡아서 직접 입력을 하는 것으로 전체 줄기를 잡았다. 다행히, 코로나19 대응으로 확진자 발생 시 방역 당국에 제출할 학교 구성원 인적 사항을 미리 가지고 있었다. 그 내용에서 조금 보충해서 교직원, 학생 명단을 완성할 수 있었다. 간혹, 이렇게 빠르게 제출해야 할 공문 보고도 있어서 하루 중 일하다가도 업무시스템에 들어가서 확인해야 한다. 그렇다고 수시로 확인할 수는 없고, 경험상, 오전, 오후로 나누어 한 번씩 확인하면 된다.

공문을 읽고 활용하는 방법은 나의 경우, 일단 공문을 출력한다. 주로 양면 출력한다. 컴퓨터 화면 읽을 때는 종이보다는 집중력이 떨어지기 때문이다. 사람마다 차이가 있을 수는 있다. 나는 초고를 쓰고 나서도 퇴고를 위해 출력한다. 출력하면 읽는 속도도 빨라지고 전체를 보는 메타인지도 잘 작동하는 느낌을 받는다. 그래서 보건 일을 할 때도 출력해서 공문을 읽는 편이다. 시간이 넉넉하지 않으면 특별히 더 출력한다. 지금 당장 읽지 못하더라도 읽을 공문을 출력해 따로 준비하여 두었다가 여유가 생기면 읽는다. 그러면 꼭 해야 할 중요한 일은 놓치지 않는다. 그리고 출력해두었다가 읽을 것은 한꺼번에 읽는 것이 가능하여 좋다. 컴퓨터 화면에서는 여기저기 클릭을 해야 하고 그러다가 샛길로 빠지기도 하는데 읽을 것을 한꺼번에 출력해 모아서 읽으면 읽는 시간도 줄일 수 있다. 읽은 공문은 연필로 표시를 해서 따로 파지 상자에 넣는다. 보통 하루, 이틀 있다가 파지 상자에 넣는다. 또한 읽어도 이해가 잘되지 않는 공문이 있다. 그런 공문은 한 번 더 읽어야 하는데, 시간 여유를 가져도 된다면 다음날 다시 읽는다. 웬만하면 바로바로 처리를 할 수 있지만, 현재 코로나19 상황과 관련된 바뀐 지침의 공문들은 난해한 부분이 있어서 두고두고 꼼꼼히 읽어야 한다. 오늘도 한번 보고, 내일도 한번 보기 위해서 출근하자마자 눈에 보이는 곳에 둔다. 그러면 자신도 모르게 잊고 있다가 눈에 보이는 공문을 다시 한번 더 보게 된다.

처음에 출력하는 것에 마음이 편치 않았다. 왠지 낭비처럼 느껴졌기 때문이다. 그래서 공문 출력을 꺼렸다. 그냥 화면으로만 보고 처리하려고 했다. 그러다 보니, 학생이 방문하면 그 학생을 처치하고 또는 다른 일을 하며 처리할 그 공문은 잊게 되었다. 이런 경험을 여러 번 하면서 생각을 바꾸었다. 일을 놓치지 않기 위해 차라리 종이 한 장 더 소비하는 것이 낫겠다고. 일이 중요하지, 종이가 중요하진 않다는 결론이었다. 그래서 출력하면서 '컬러' 대신에 '흑백'으로 지정하고 출력했다. 만약, 컬러에서 흑백으로 바꾸지 않는다면 프린터 토너를 자주 교체해야 할지 모른다. 이 또한 번거로운 일이다. 토너가 소모품이지만 고가라 담당자가 정해져 있고 그 담당을 주로 실무사가 하고 있다. 학교마다 차이는 있을 것이다. 실무사에게 토너 교체를 요청해야 하고 만약, 해당 토너가 없으면 구매하는 데 시간 소요가 되어 최소 하루 정도 프린터를 사용하지 못하게도 된다. 기계에 약하다 보니, 처음에는 이것도 잘 몰랐다. 나중에 알게 된 사실. 흑백으로 바꾸고 편하게 출력하여 보건일도 더 잘 챙기게 되었다.

복직했다거나 새롭게 일을 시작하는 사람이라면 공문을 읽고 또 읽어야 한다. 신규 보건교사도 마찬가지다. 공문에 해야 할 모든 일의 핵심 내용이 들어있다. 보건 업무인 경우 3월 초에는 보건 업무 매뉴얼과 같은 공문이 교육청에서 내려온다. 그것을 참고해서 한해 보건 살림살이의 큰 맥을 잡으면 된다. 그리고 세세한 부분은 시간이 지날수록 나름의 방법과 노하우가 생기게 된다.

공문을 꼼꼼하게 읽어야 한다. 그렇게 하려면 출력을 권하고 싶다. 매번 출력하는 것이 마음에 걸리기는 하지만, 그런 방법이 일을 좀 더 효과적으로 할 수 있는 작은 노하우가 된다. 출력할 때는 컬러프린터 대신에 흑백프린터로 설정하는 센스도 필요하겠다. 백신 접종률이 전 국민의 80%에 육박하지만, 코로나19의 기세는 꺾이지 않고 있으므로 보건교사에게 내려오는 공문도 줄지 않고 더 많아지고 있다. 비슷한 내용이긴 하지만 하나도 같은 공문은 없다. 공문을 잘 읽고 잘 이해해서 예방관리에 활용하고 확진자 발생 시 공문의 지침대로 잘 대응하고 보고해야겠다. 보건교사 코로나19 대응 지침은 자다가도 일어나더라도 줄줄 말할 수 있을 정도로 몸에 익히기 위해서 자주 공문을 읽고 여러 번 체크하면서 숙지해야 한다. 반복적으로 하는 일은 힘이 있다. 공문을 반복적으로 읽다 보면, 코로나19 예방관리 및 대응도 그만큼 쉽고 만만하게 완수하게 될 것이다.

일일 코로나19 보고에 지치지 마라

학교 코로나19 상황을 매일 교육청에 보고해야 한다. 오후 1시까지 보고이지만 12시부터 보고 준비작업에 들어간다. 보통, 12시에서 12시 30분 사이 보고를 한다. 보고내용은 복잡하지는 않다. 등교 여부, 등교 학생현황, 코로나 현황, 당일 검사현황으로 항목이 나뉘어 있어 숫자를 입력한다. 나는 노트를 하나 준비해서 그곳에다가 매일 자가 진단 상황을 확인하고 수기로 먼저 기록한다. 현황을 확인하는 것은 자가 진단 앱이고 보고하는 곳은 업무시스템이다. 자가 진단 앱에서 당일 통계가 나오지만 그래도 매번 체크 할 것들이 있다. 번거롭다면 번거로운 이것이 중요한 자료가 될 수 있을까 하는 의구심이 든다. 하지만 교육청에서 요구하는 사항이기에 일선 학교에서는 매일 보고한다. 정확하지도 않은 일일 보고를 힘들게 계속해야 하느냐고 보건교사 들의 목소리가 조금씩 나오고 있다. 이런 상황에서 일일 보고에 대한 다각적인 생각과 경험을 돌이켜보고자 한다.

　인수인계 때 제일 먼저 받은 것이 코로나19 일일 보고에 관한 내용이었다. 내가 휴직하는 내내 기간제 보건교사가 근무했다고 했는데, 오랫동안 근무하던 그 보건교사는 마지막해 1년을 다 채우지 못하고 중간에 그만두었다고 한다. 코로나 상황으로 몸도 마음도 힘이 들었든지 건강의 문제로 그만두게 되었다는 사실만 알고 있다. 그래서 학교에서는 급하게 2학기에 근무할 보건교사를 찾았고 그렇게 해서 연세 많으신 보건 선생님이 일하게 되었다고 한다. 나이가 있다 보니, 아무래도 기계에도 약했을 것이고 극심한 코로나19 상황이라 서로 힘든 부분도 있었을 것 같다. 나는 걱정되는 마음으로 복직 전에 미리 출근해서 이것저것 둘러보았고 그 보건교사에게 인수인계도 받았다. 여러 가지 인수인계 내용 중에서 그 선생님은 일일 보고를 강조했다. 일일 보고라고 해서 보고만 해서 끝나는 것이 아니었다. 매일 보고해야 할 부분의 통계가 나와야 하기에 통계의 근거자료가 되는 자가 진단 앱의 체크율을 높여야 했다. 보고하는 통계치가 학생 스스로가 체크한 것을 반영하기 때문이다. 보통 한 반에 30명이라면 그중 5~6명은 체크를 하지 않는다. 물론 반마다 상황은 다르다. 담임교사도 수시로 아침 등교 전 자가 진단 앱을 체크하라고 교육을 하지만 교육이 교육으로만 허망하게 끝날 때가 많다. 보건교사인 나 또한 매일 독려 버튼을 눌러 자가 진단 체크를 재촉하고 있다. 아침마다 출근해서 가장 먼저 하는 일이 독려 버튼을 누르는 일이다. 그래도 체크가 안 될 때는 신경이 쓰인다. 그래서 업무 중에도 수시로 앱에 들어가서 독려 버튼을 누른다. 또 하나 불편한 점이 시간이 지나면 자가 진단 앱은 로

그인을 새롭게 해야 한다. 내가 앱을 잘 다룰 줄 몰라서 그럴 수도 있겠지만, 매번 들어갈 때마다 로그인해야 해서 바쁠 때는 이것도 몹시 번거롭게 느껴졌다. 실제 해보니 그렇다는 것을 알게 되었다. 연세 있으신 보건 선생님이 나에게 이 부분을 특별히 강조해서 인수인계를 준 이유를 알 것 같았다.

인수·인계받았을 때, 일일 보고는 자가 진단 체크율이 100%는 되지 않는다고 들었다. 자가 진단 체크율이 대략 80% 이상이면 보고해도 된다고 했다. 맞다. 실제 해보니, 학생들을 100% 체크하게 하는 것은 거의 불가능에 가까웠다. 교사들은 그래도 가능하다. 아침마다 교직원 자가 진단 체크율을 보면 대부분 100%이다. 간혹, 잊고 못 한 교직원들이 있는데, 이럴 때 내가 있는 학교에서는 관리자가 연락한다. 아마도 그 교사는 다음번에는 좀 더 신경을 쓸 수밖에 없을 것이다. 아침부터 관리자로부터 지적을 받는 느낌을 또 받고 싶지는 않을 것이기 때문이다. 관리자가 이렇게 적극적으로 나서니, 그래도 교직원들 체크는 문제없이 진행되고 있다. 학생들 자가 진단 체크율에 대해서는 하는 데까지 하면 좋다. 그래도 80%까지는 무난히 체크가 되는 추세이므로 그것을 가지고 1시가 되기 전에 보고를 하면 된다.

일일 보고를 함으로써 업무에 마이너스 효과라고 한다면 다음과 같은 것들일 것이다. 매번 신경을 써야 한다. 한 가지를 꾸준히 하기 위해서는 생각 외로 에너지 소모가 많이 된다. 하지만 해야 할 것들은 해야 한다. 교육청에서 자료집계 보고양식을 보내면 통계 숫자만 입력해서 학교 내 결재 없이 바로 교육청으로 전송 버튼을 누르면 된다. 아주 간단한 과정인 거 같지만 그 전 사전작업이 필요하고 또, 잠시 다른 일로 바삐 움직이다 보면 보고 시간을 넘길 수도 있어 신경이 쓰이는 일이다. 보고 시간을 넘기면 교육청으로부터 연락도 온다. 메신저로 오는 연락이지만 전체 메시지가 아니고 받는 사람 이름에 내 이름만 덩그러니 있으면 왠지 미안하면서 실수했다는 마음을 가지게 된다. 연락하는 사람도 미안스럽고 연락받는 사람은 더욱 죄송스러운 상태가 되는 것이다. 코로나 대응으로 정신없는 상황에서 또 한 번의 에너지 고갈이 되어 다른 업무에 영향을 미칠 수 있다는 단점이 있다.

그래도 일일 보고를 매일 함으로써 얻는 효과도 분명히 있다. 자가 진단 앱 체크 강조는 물론이거니와 일일 보고하듯이 담임교사에게 매일 메시지를 보내게 되었다. 그 내용은 이런 것이다.

첫째, 학생이 코로나19 검사를 받은 경우
둘째, 학생이 격리 통보를 받은 경우
셋째, 학생 동거인이 코로나19 검사를 받은 경우
넷째, 학생 동거인이 격리 통보를 받은 경우
담임선생님은 위에 해당하는 반 학생이 있다면 보건실로 연락해주시기 바랍니다.

이 메시지 내용은 파일로 만들어 바탕화면에 깔아두었다. 교육청의 일일 보고 방식을 그대로 활용해 본 것이다. 사실, 이 방법은 학교 내 코로나19 현황을 미리 파악할 수 있어 코로나19 대응에 도움이 된다. 코로나19에 대응하는 핵심 구성원으로서 효과적인 대응 방법이라 생각한다. 이 메시지는 오전 시간 중에 담임교사에게 보내려고 한다. 아직은 보낼 시간을 정한 것은 아니지만, 오후에도 보내고 오전에도 보내고 해보니, 그래도 오전에 담임교사에게 보내서 교육청 일일 보고에 반영하는 것이 가장 좋다고 생각하게 되었다. 똑같은 내용을 반복적으로 보내서 지루함이 있겠지만, 그래도 이 메시지를 보내면 해당하는 담임교사는 바로 연락을 준다.

"2-5 B 학생 코로나 어제 검사했습니다. 밀접접촉은 아니고 학원에서 확진자와 동선이 겹쳤다고 합니다. 죄송해요, 선생님."

이런 메시지도 보내온다. 지난 내용이라 교육청 보고를 하지 못하는 경우이지만, 그래도 당일 검사는 일일 보고에 반영해서 보고를 하게 된다. 간혹, 연락 오는 내용 중에 정말 검사 결과에 마음 졸인 일도 있다. 그런 경우는 그 학생이 밀접접촉자인 경우이다. 한번은 가족 중에 확진자가 있어 검사를 받은 경우가 있었다. 그 학생은 양성이 나올 가능성이 컸기 때문에 전체 메시지로 전 교직원들에게 상황을 공유했다. 그래야 교직원들도 마음의 준비를 할 수 있기 때문이다. 만약 학교에 확진자가 발생하면 학교 내 선별진료소를 차릴 가능성이 있고, 여러 사람의 협업으로 대응이 진행되어야 하기 때문이다. 그날이 주말이었는데, 다행히 다음날 음성이 나왔다. '가족이 확진을 받았는데, 어떻게 음성이 나왔을까?'라고 의아한 생각이 들었지만, 일단, 다른 교직원들도 궁금해 할 것을 예상해, 집에서 전체 메시지를 보냈다. 담임교사에게 매일 보내는 코로나 현황 메시지가 없더라도 이런 상황에서는 담임교사가 먼저 보건실로 연락을 할 것이다. 하지만 만의 하나, 잊고 있을 수도 있기에 매일 보내는 메시지는 효과적인 방법이 된다. 교육청 일일 보고방식에서 새롭게 진화된 방식이다.

　일일 코로나19 보고에도 지치지 말고 꾸준히 한다는 마음가짐을 가지길 권하고 싶다. 일일 보고의 근거자료가 되는 자가 진단 앱은 학생이 스스로 실시하는 것으로 체크 안 하는 학생도 많이 있어서 정확도가 떨어진다. 그런 자료를 굳이 매일 해야 할 이유가 있을까 생각할 수 있겠지만, 대략적인 자료라 하더라도 코로나 대응의 최전선에 있는 사람들에게는 유용한 자료가 된다. 그런 정보라도 가치가 있는 것이다. 우리의 삶의 경험에서도 쉽게 이해할 수 있다. 나는 매일 아침, 부직포 막대로 거실을 민다. 아침 시간 바쁘기에 꼼꼼하게 하지는 못한다. 그런데도 매일 하는 이유는 그나마 그렇게 하면 부직포 바닥에 먼지들이 붙어 나오기 때문이다. 완벽하진 않지만, 붙어있는 먼지와 강아지 털을 볼 때는 그만큼 아이들에게 좋은 환경이 되었다고 여긴다. 실제 그렇다. 담임에게 일일 상황 보고를 받음으로 인해 나는 학교 내 대략적인 코로나19 감염 상황을 알 수가 있었다. 모든 선생님이 보건실에 알려주는 것은 아니더라도 대충이라도 알 수 있다. '대충'이라고 무의미한 것은 아니다. 이런 자료로 인해 코로나 대응법에 대한 색다른 아이디어를 얻는다. 그런 것처럼, 교육청 일 일보고도 그런 가치가 있을 것으로 생각해본다. 코로나 전쟁 속에서 대응하는 사람들은 모두 한편이다. 누구의 잘잘못을 따지기 전에 철저한 코로나 대처를 위해 한마음이 되어야 한다. 세계적 위기 상황에서 조금 번거롭더라도 착실히 일일 보고하고 협조한다는 전우애 같은 마음을 가지면 좋을 것이다.

방역 문자메시지, 1주일에 한 번 이상 보내라

★음주운전 없는 공직문화 조성★
'음주운전 거리두기 실천으로 신뢰받는 공직문화 함께 만들어요.'
음주운전에 소중한 생명을 양보하지 마세요.

- S고등학교-

추석 연휴가 시작되는 날, 여지없이 문자메시지는 왔다. 학교에서 보낸 단체 메시지이다. 음주운전 근절을 위함이다. 이런 간단한 메시지가 요즘 들어 자주 온다. 처음에 왔을 때는 '어, 그렇군, 음주운전 절대 하면 안 되지.'라고 여겼다. 비슷한 내용이 계속 반복적으로 오니, 마음에 각인되는 느낌이 든다. '음주운전 절대 하지 말아야지.'라는 생각과 함께 더 조심하게 된다. 코로나19 예방을 위한 방역수칙 준수 문자메시지도 이런 효과를 발휘한다.

　코로나19 감염예방 교육을 위해 나는 1주일에 최소 1회 이상은 문자메시지를 보내고 있다. 전 교직원, 전교생을 대상으로 간단히 문자메시지를 보낼 수 있다는 것이 놀랍다. 업무 전산화는 신기할 정도로 발전했다. 과거에는 이런 메시지를 보건교사가 직접 보내는 시스템이 없었다. 지금은 언제든지, 학생, 학부모, 교직원들에게 직접 메시지를 보낼 수가 있어 발 빠른 코로나19 전염 예방 관리가 되고 있다. 그전에는 전교생에게 예방 교육하려면 담임교사를 통해서만 가능했다. 담임교사에게 부탁해야 했었고 이 부탁을 한다는 것이 여러 번 하기에는 마음이 편하지 않았다. 그래서 꼭 필요한 내용 아니면 그냥 넘기게 되었다. 하지만 지금은 직접 학생들에게 전 달 메시지가 가능해 수시로 할 수 있어서 좋다. 학생뿐 아니라 학부모에게도 가능하니, 일하기도 쉬워졌고 예방의 효과도 높일 수 있어서 아주 긍정적으로 생각하고 있다.

　방역 메시지를 보내는 요일은 수요일, 금요일로 정했다. 수요일은 한 주의 반에 해당하는 날로서 다시 한번 코로나19에 대한 경각심을 자극하기 위해서 보낸다. 금요일은 주말이 곧 시작되니 주말에 방역수칙 준수를 강조하기 위함이다. 주말에는 마음이 아주 느슨해진다. 주말에 또한 먼 거리 이동도 하게 된다. 꼭 가야 할 이동이라면 가야 하겠지만 가더라도 좀 더 조심하라는 메시지가 전달된다. 아이들 같은 경우 노래방이나 피시방을 찾게 되는데, 이런 것에 대한 주의의 글을 반드시 넣어서 보내야 한다. 꼭 짚어서 표현하지 않으면 학생들은 그냥 넘길 가능성이 있다. 주말뿐 아니라 주말 같은 공휴일이나 시험이 끝난 다음 날이나 시험 끝난 주말에도 역시 비슷한 상황이다. 그래서 시험 기간이 끝났을 때도 친구들에게 문자 받은 듯한 느낌을 받도록 자연스럽게 작성해서 보낸다.

"시험이 끝났네요. 그동안 고생 많았어요. 쌓인 스트레스 푸는 날입니다. 하지만 잊지 말아야 할 것이 있네요. 코로나19 상황이란 사실.노래방 NO, 피시방 NO 기억하세요~!!"

이 정도로 메시지를 보내면 한 번쯤 마음에 새기게 될 것이다.

코로나19 대응에 많은 부분을 차지하는 것이 예방 교육이다. 확진자가 발생하면 보건소가 교내 선별진료소 설치 여부를 결정한다. 설치가 결정되면 학교 내 천막치고 임시 검사소를 만들어 교직원 포함 학년별 검사, 혹은 전교생 검사를 시행하고 검사 후 교육청 보고, 소독하고 마무리한다. 일이 많기는 하지만 길어봐야 1박 2일이면 종료된다. 하지만 예방관리는 종료 시점이 없다. 학생이 학교에 오는 교육과정 내내 진행된다. 더 많은 고심을 해야 하고 더 큰 노력을 해야 한다. 예방관리의 여러 영역 중에서 그래도 가장 기본이 되는 것이 교육이다. 코로나19 예방 교육은 체계적인 것으로 반복적인 방법으로 실시되어야 한다. 예방 교육을 통한 방역수칙 준수 행동만이 코로나19의 학교 내 유입을 차단하고 안전한 학교가 될 수 있도록 한다. 예방 교육 방법으로 보건교사가 가장 많이 사용하는 방법으로는 문자메시지 전송과 가정통신문 발송이다. 그 외 학교 홈페이지 자료 탑재, 담임선생님 통한 교육, 개인적 교육, 학교 내 교직원 대상 메시지 전송, 기타 다양한 방법을 복합적으로 사용하고 있지만 그래도 문자메시지와 가정통신문 이용을 가장 많이 한다.

　방역 교육은 문자전송과 가정통신문 발송을 동시에 사용한다. 이 두 가지 방법의 차이점을 보자면, 우선 문자는 짧은 문장으로 즉각적으로 보낼 수 있다. 코로나19 특별한 상황이라서 그럴 수도 있지만, 결재 없이 문자전송 시스템을 통해 바로 전송한다. 결재 없이 쉽게 전송할 수 있기에 1주일에 2번씩, 1번씩 자주 보내는 것이 가능하다. 주기적으로 보낼 문자는 문구를 미리 만들어서 해당 요일이 되면 학교 구성원 전체에게 전송한다. 문자일 경우 더욱 심사숙고해서 책임감 있게 보낼 수 있어야 한다는 점 강조하고 싶다. 가정통신문은 결재를 득해서 보내게 된다. 학교장 직인도 들어가서 문자보다는 좀 더 공적인 방법이 되겠다. 보통 결재 체계에서 보건교사 빼고 3명 정도가 더 있다. 보건교사-부장-교감-교장 순으로 결재가 진행되는데, 길게는 하루 정도 시간이 걸린다고 생각해야 한다. 특히, 부장 같은 경우에는 수업하면서 부장 일을 하는 것이기에 의식적으로 결재를 챙기지 않으면 지체되는 경우가 있다. 급하게 나가야 할 가정통신문이나 기타 결재일 경우에는 '결재 부탁드립니다.'라고 메시지를 보낸다. 그러면 결재가 빨리 진행되어 바로 가정통신문 발송을 할 수 있다. 내가 하는 일을 결재로 남겨두면 만약의 경우에 자신이 업무를 놓치지 않고 했다는 증거가 명확해져서 무슨 일이든지 결재를 받는 선생님들도 있는데, 이것은 일의 성격에 따라 자신의 성향에 따라 결정해서 하면 되겠다. 나의 경우에는 웬만한 경우 문자로 간단히 보내고 사안이 중요한 부분이라고 판단되는 것들은 가정통신문과 문자를 함께 보낸다.

가정통신문을 보내면서 문자도 함께 전송하는 이유는 전달 효과를 높이기 위해서이다. 보통 가정통신문은 딱딱한 느낌이다. 주로 박스를 크게 사용해서 만드는 경우도 많고 내용도 많다. 왜냐하면 중요한 사안이다 보니 강조하기 위해 그렇다. 일단 사람들은 읽을 내용이 많으면 대충 큰 글자만 보고 넘긴다. 자세히 잘 보지 않는다. 물론 사람 나름이지만 보통은 읽는 것에 대해 생각 외로 부담감을 가지고 있기 때문이다. 그에 비해 문자는 짧은 글로 쓰여 있기에 한번 '휘리릭' 읽게 된다. 읽으면서 별표가 있다면 한 번 더 보게 된다. 그래서 나는 같은 교육내용이나 중요내용에 대해서 이중으로 보내게 되었다. 아무리 노력해도 잘 보지 않는 사람은 꼭 나오게 되어있다. 분명히 가정통신문과 문자로 안내를 했는데도 보건실로 전화가 온다. "백신접종 준비물이 무엇인가요?", "백신 접종 장소는 어디예요?", 저번 고3 학생 백신 접종 시 받은 전화 통화내용이다. 이런 사람은 말하는 것이 편한 사람이다. 글보다는 말이 편한 사람들은 전화 통화한다는 생각을 가지고 진짜 궁금해서 전화한 것이기에 정성스럽게 알려드리면 된다. 예방 교육에 대해서 전화 오는 사람은 없지만, 꼭 필요한 내용에 대해서 가끔 이렇게 전화 오는 경우가 있다.

문자는 쉽게 이해할 수 있도록 적어서 전송하면 된다. 코로나19 예방 교육의 목적은 행동의 변화를 일으키는 것이다. 방역수칙 준수의 구체적인 내용의 문자를 받고 실제 행동할 수 있도록 하는 것이 중요하다. 열감이 있다면 열을 체크하고, 손소독제를 수시로 사용하여 소독하고 일회용 마스크가 아닌 방역 마스크를 착용하면서 사람들이 붐비는 곳은 될 수 있으면 피하는 행동을 하도록 유도해야 한다. 그러려면 문자를 작성할 때, 문자 내용이 많아서도 안 되고 읽기에도 보기 좋게 정리 후 배열해야 한다. 서론–본론–결론 식으로 적어주고 본론에는 개조 식으로 번호를 넣어 중요한 핵심을 나열하면 좋다. 결론 부분에는 일단, 전송을 받고 읽어준 것에 대한 감사함의 표시로 "감사합니다."라는 것을 넣어주면 글을 다 읽고 나서 여유롭게 좀 지켜볼까 하는 마음이 동할 수도 있다. 최대한 행동의 변화를 유발할 수 있는 쓰는 법을 고심해 문자 발송하는 것이 중요하겠다.

코로나19 방역 문자메시지는 1주일에 1회 혹은 2회 보내면 좋다. 가정통신문과 별개로 학생 전체, 학부모 전체, 교직원 전체를 대상으로 문자를 보낸다. 처음에는 문자를 보낸다는 부담감이 있을 수 있다. 하지만 여러 번 문자 문구를 쓰다 보면 점점 노하우가 생긴다. 문자는 간단히 쓰는 것이 좋고, 핵심 위주로 적는 것이 중요하다. 그리고 보낸 문자는 파일로 따로 보관해서 요일마다 조금씩 추가 혹은 수정하여 다시 보낸다면 크게 힘들이지 않고 반복적으로 보낼 수 있다. 문자는 집안에서 엄마의 잔소리와 같은 것이라 여겨진다. 잔소리가 온전히 독이 되는 것은 아니다. 아이들은 잔소리라고 해도 엄마의 염려와 걱정을 마음에 담아서 조심하려고 한다. 학교에서 보내는 반복적인 방역수칙 준수 메시지가 때론 귀찮을지언정, 아이들은 보면서 머리에 입력할 것이다. 입력된 내용은 다시 행동으로 나오게 된다. 문자전송 시스템에 오히려 감사함을 느끼며 코로나19 예방관리에 문자메시지 전송을 최대한 활용함이 지혜로운 예방법이 될 것으로 생각한다.

확진자 발생 시 대응 시나리오는 수시로 상상해라

익숙한 환경, 익숙한 일은 자신감을 심어준다. 강사들은 자신이 강의할 장소를 미리 도착하여 확인한다고 했다. 가까운 거리라면 강의 전날 방문하기도 하고 조금 거리가 떨어져 있다면 강의 시간보다 1, 2시간 일찍 도착해서 강의 장소를 둘러본다. 우리 몸은 낯선 곳에 대한 방어심리가 작동한다. 방어심리로 강의 실력을 제대로 발휘하지 못하여 강의 듣는 사람의 실질적인 동기부여가 어려울 수 있다. 그래서 강의하기 전에 미리 강의 장소를 찾아 눈도장 찍는 것은 강사들 사이에서는 불문율이 되었다.

확진자 발생 대응에서도 머릿속에서 확진자 발생 상황을 설정하고 생각으로 방문해 본다. 쉽게 말해서 상상하는 것이다. 확진자 발생했을 때 상황들이 쉽게 그려진다. 그런 상황만 생각해도 가슴이 쿵쾅거린다. 안절부절못하는 나의 심리상태가 느껴진다. 미리 이런 감정도 체험함으로써 실제 상황에서 더 대담해질 수 있다. 또한 어떻게 처리할 것인지 미리 상상해둔다면 현실에서도 그렇게 할 가능성이 크다. 머리로 대응 시나리오를 상상하는 것이 코로나19를 시기적절하게 대응하는 데 꼭 필요한 부분이라 판단된다.

네빌 고다드는 소원을 현실로 만드는 방법에 대해서 강의한 유명한 형이상학자이자 작가이다. 소망 성취 방법을 활용해서 나는 목표지향적인 삶을 사는 데 도움을 받고 있다. 코로나19을 대응할 때도 큰 도움이 되었다.

1. 확진자인지

2. 교육청 보고(구두보고: 교감, 서면보고: 보건)

   : 상황에 따라 변동 가능.

3. 밀접접촉자 파악(보건, 담임, 학년 부장, 실무사, 교감, 전 교직원)

4. 비상 대책 회의(교장, 교감, 생활 인권부장, 체육부장, 학년 부장, 행정실장, 보건)

5. 보건소에 역학자로 전송 및 소통 (보건)

6. 학부모에게 학교 코로나 상황 문자메시지 전송 (교무부장, 실무사)

7. 학생 귀가 조치(밀접접촉자 제외)(생활 인권안전부장, 학년 부장)

8. 선별진료소 설치 및 기타준비(체육부장, 행정실장, 학년 부장, 전 교직원)

9. 검사 종료 후 보고 및 소독 (보건, 행정실장, 교감, 교장)

위의 것은 등교수업 중 코로나19 확진자 발생 시의 대응 흐름도를 적은 것이다. 학교에서 확진자 발생하는 상황은 크게 2종류로 나눌 수 있다. 수업 중의 확진자 발생 상황과 수업 외 시간의 확진자 발생 상황이다. 이 두 상황의 가장 큰 대응법의 차이는 학생 귀가 조치 유무이다. 수업 중일 경우 밀접접촉자에서 제외된 학생들은 전원 귀가시킨다. 밀접접촉자 범위는 보건소의 역학조사관이 유선으로 학교 상황을 듣고 회의 후 다시 알려주는데, 보통 확진 학생이 2학년이라면 기본적으로 2학년 전체가 밀접접촉자가 되어 검사대상이 된다. 학생들 귀가 조치에 따른 업무는 우선, 학부모에게 상황을 알리고 귀가시키겠다는 메시지를 보낸다. 학사운영에 대한 변동사항에 해당하고, 학교 전체에 대한 위급상황에 해당하므로 관리자의 위임을 받아 교무부장이 문자메시지를 발송한다. 그리고 현장에서의 학생 귀가를 위해 생활안전부장이 방송을 통해 반별로 순차적으로 이동하여 귀가하도록 안내한다. 수업을 제외한 시간에 확진자가 발생했다면 이 2가지 일을 생략할 수 있다. 그리고 초창기 수업 시간 외 확진자 발생 때는 학교 밖에 있는 학생들을 학교로 불러 선별 검사를 시행하는 경우가 많았는데, 변동사항이 계속 발생하고 있어 상황에 맞춰 보건소의 결정에 따라 협조하면 된다. 수업 중 확진자 발생일 때 좀 더 복잡한데, 미리 시나리오를 만들어 두면 유익하게 사용할 수 있다. 코로나 대응 시나리오는 시간의 흐름에 따라 해야 할 일들을 순서대로 적어서 만드는데 이렇게 대응 흐름도를 1장짜리로 코팅해서 가지고 있으면 여러 가지로 효율적이다. 그 이유를 정리해보자면 다음과 같다.

첫째, 확진자 발생 때 시나리오를 상상하기 쉽다

상상하기 쉬운 방법은 상상해야 할 것을 한 가지로 정하는 것이다. 생각할 것이 너무 많으면 이것도 저것도 집중해서 생각할 수 없다. 생각이 필요한 일은 먼저 명확하게 무엇을 생각해야 하는지 한 가지부터 정하는 것이 중요한 것이다. 그것처럼, 상상하는 것도, 내가 상상할 시나리오를 미리 작성해두는 것이 좋은데, 그 시나리오는 단순하면서 명확해야 한다는 것이다. 한 장짜리 코로나19 대응 흐름도는 대응 시나리오를 상상하는데, 명확한 아이디를 창조할 수 있어서 좋다. 대응책에 대한 시나리오가 복잡하다면 처음은 있지만, 결론까지 가지 못하고 옆길로 새는 상상이 될 수도 있다. 그래서 1장짜리 대응 흐름도가 처음부터 끝까지 코로나를 잘 대응하게끔 상상하는 데 도움이 된다.

둘째, 짧은 내용이라 수시로 반복하기 좋다.

나는 대응 흐름도를 학교에도 붙여 놓았지만, 집안 책상에도 붙여두었다. 아침 기상 후에 책상에 앉으면 눈이 자연스럽게 그쪽으로 간다. 코로나19 감염 확진자 수가 많든 적든 나는 매일 하루에 한 번 이상은 보게 된다. 수시로 반복적으로 보기에 짧은 한 장짜리 대응 흐름도가 요긴했다. 반복해서 보니, 이제는 눈을 감고도 그 흐름도를 말할 수가 있을 정도가 되었다. 구구단을 외우듯이 자다가도 중얼거릴 수 있는 수준에 이르렀다.

셋째, 상황이 발생했을 때 그것대로 실제 적용하기에 좋다.

막상 확진자가 발생하니 머리가 하얗게 변한다는 말을 공감하게 되었다. 무엇부터 해야 할지 우왕좌왕하게 된다. 이것이 뇌의 구조이자 뇌의 한계라는 생각이 든다. 하지만, 1장짜리 대응 흐름도가 있어서 빠르게 정신 차릴 수 있었다. 그 흐름도 대로 차례대로 일을 처리할 수 있었다. 대응 전략계획이라고 20장짜리 자료는 무용지물이었다. 오로지 명확하게 요약된 1장짜리 대응매뉴얼이 최고였다는 것을 확진자 대응을 마치고 깨닫게 되었다.

넷째, 상황 발생 시 덜 당황하게 된다.

1장짜리 코로나19 대응 흐름도가 이렇게 든든할 수가 없었다. 그것을 만들 때는 크게 의미를 두지 않고 만들어 보았다. 사안 발생 상황에서의 효과는 생각하지 못하고 단지, 나는 수시로 보며 익히기 위해서 1장짜리가 필요하다고 판단했고 그래서 대략 해야 할 업무와 그 업무를 해야 할 부서를 기록하고 출력해 코팅한 것이다. 이 한 장으로 인해 가장 효과를 본 것이 사안 발생 당일이었다. 코로나19 발생 당일, 덜 당황하려면 1장짜리 코로나19 대응 흐름도를 만들어 두길 추천한다.

마음속에 있는 것은 곧 현실로 드러난다. 코로나19 상황으로 보건교사들은 학교에서도 집에서도 많이 노력한다. 기존업무보다는 코로나19 대응에 모든 에너지를 총동원한다. 평상시 예방 교육에서부터 확진자 발생 시 대응 전략까지 마음에서 잠시도 놓아본 적이 없을 것이다. 사실, 코로나19 확진자 발생하면 기존 준비한 방식대로 대처함을 느끼게 된다. 확진자인지부터 학부모에게 상황공유 메시지 전송, 학생 귀가 조치, 선별진료소 설치, 밀접접촉자 검사 실시, 교육청 보고, 소독, 일련의 모든 과정이 학교 구성원 전체의 협조로 순차적으로 진행한다. 하지만 확진자가 발생하기 전의 보건교사의 입장에서는 두려움을 가지고 있다. 보건교사도 인간인지라 걱정한다. 과연 내가 컨트롤 타워로서 중심적인 역할을 잘 할 수 있을까? 염려하고 스트레스받는 상황에 놓여있다. 나는 걱정하는 대신에 1장으로 코로나19 대응 흐름도를 코팅해서 만들어 수시로 보고 읽기를 권한다. 위급한 확진자 발생 상황에서 그 1장은 그 어떤 천군만마보다 유용했다. 또한 시간이 날 때마다 머리로 대응 시나리오를 상상하는 것이다. 시기적절하게 잘 대응하는 그 시나리오가 익숙해질수록 두려움, 염려, 걱정은 사라질 것이다. 코로나19 대응도 다른 평범한 보건일의 한 분야처럼 담담하게 대응하게 될 것이다.

각 부서의 역할, 사전에 반복적으로 안내해라

나는 아이들에게 잘하고 싶은 것이 있다면 그것을 매일 하라고 가르친다. 공부를 잘하고 싶으면 공부를 매일 해야 한다. 공부를 잘하는 아이는 대부분 매일 공부하는 아이들이다. 분량은 상관없이 매일하는 것이 중요하다. 숙달해서 잘하기 위해선 반복만이 최고이고 최선임을 그동안의 경험을 통해서 터득했다. 코로나19 대응에서도 역시 마찬가지이다. 언제 어느 때 터질지 모르는 확진자 발생을 대비해 반복적으로 해야 할 일이 있다. 그것은 예방교육과 사안 발생했을 때 즉각적으로 행해야 할 부서별 행동 지침에 대한 교육이다. 예방 영역에서 가장 중요한 것은 안내와 교육이라 할 수 있다. 안내와 교육은 학생, 교사, 학부모 전체를 대상으로 실시해야 한다. 보통 검사를 통해 확진 판정을 받기에 코로나 검사자 현황을 파악하는 것도 유용하고 매우 중요한 자료가 된다. 반복해야 할 중요한 또 다른 부분은 확진자 인지와 함께 움직여야 할 부서별 역할에 대한 지침 안내이다. 코로나19 대응은 학교 구성원 전체가 합심해서 대응해야 하기에 계획을 통해서 부서별 역할을 꼼꼼하게 안내한다. 이것은 전쟁터에 나가서 어떻게 싸워야 하는지 부대별 임무를 지시하는 것과 같다. 구성원 전체가 협력하는 방법, 싸우는 방법에 대해서 하나라도 더 인지한다면 훨씬 유리할 수밖에 없다. 그 작업을 보건교사는 확진자가 발생하기 전, 반복적으로 안내하고 교육해야 한다.

코로나19 대응을 위해 학생, 교직원, 학부모에게 반복적으로 보내는 예방 문자메시지들을 살펴보자면 다음과 같다.

안녕하세요. S 학교 보건실입니다.

방역수칙 강조하니 잘 준수하여 주시기 바랍니다.

1. 노래연습장 이용금지
2. 피시방 출입 금지
3. ★방과 후, 주말 학교 내 운동장 5인 이상 집합 금지
 (18시 이후 3인 이상 집합 금지)
4. ★방역 마스크 착용
5. 경미한 유사 증상이라도 상담, 검사
6. 먼 거리 이동 자제.

안전한 주말 되세요~!!
감사합니다.

이것은 평상시 주기적으로 보내는 방역수칙준수에 대한 안내 메시지이다. 주말 직전, 금요일에 보내는 내용이다. 서론-본론-결론의 형식에 맞추어서 안내 글을 작성했다. 학생, 교사, 학부모를 대상으로 대략 1,500명 이상에게 보내는 메시지인 만큼 최대한 정중하면서도 코로나 방역수칙에 관심을 유발할 수 있도록 작성한다. 특별한 날이나 특별한 사안이 발생했을 때 또한 사례에 대한 공유 및 사례로 인한 시사점을 안내하는 메시지를 발송하기도 한다. 이런 특별 사안에 대한 메시지는 오히려 코로나19 방역에 대한 경각심을 더욱 촉발하는 계기가 되어 코로나19 전염예방 및 방역에 도움이 되고 있다고 믿는다.

안녕하세요. 선생님

코로나 관련, 아래 해당하는 반 학생이 있다면, 보건실로 알려주세요.
 1. 학생 본인이 코로나 검사를 받은 경우(검사 경위.)
 2. 동거인이 코로나 검사를 받고 학생은 등교중지인 경우(동거인 검사 경위.)
 3. 학생 본인이나 동거인이 격리 통지를 받아 등교중지인 경우(격리통지경유, 격리기간.)

코로나 감염예방 협조 사항
 1. 교실 환기
 2. 문손잡이, 책상 위 소독
 3. 자가 진단 앱 반 확인 및 자가 진단 체크 지도
 감사합니다.

이것은 매일 오전 시간, 담임교사에게 보내는 메시지이다. 각반에 발생한 코로나 검사자와 격리 통보받은 상황에 대해 파악하기 위함이다. 최소 일주일에 3번 이상은 보냈는데, 이렇게까지 할 필요가 있을까 처음에는 생각했다. 하지만 이런 메시지를 통해서 바쁜 담임교사도 깜빡 잊고 공유하지 못한 반 학생들의 코로나19 상황을 보건교사에서 전달하게 된다. 번거롭지만 반복하다 보면 서로 적응이 된다.

마지막으로 하는 부서 간 역할인지 안내는 사실, 연초에 받은 계획서를 공유했었다. 하지만 계획서란 것이 양이 많은 관계로 쉽게 지나치게 된다. 그래서 한 장짜리 각 부서 역할 정리가 필요하다고 여겨진다. 1장짜리 코로나19 확진자 발생 시 대응 흐름도처럼, 부서 간 역할도 1장으로 정리해야 자주 안내하기도 쉽고 각 부서의 선생님들도 인지하기에 좋을 것이다.

대략 부서 간의 코로나19 대응 역할을 보자면, 학교장은 학생 감염병 관리의 총괄 책임자가 된다. 그리고 교감 선생님은 실질적인 지휘, 통제자라고 할 수 있겠다. 구체적인 역할은 위기 상황진단, 대외협조 및 언론 보도 대응, 학사 운영관리, 업무 분담 조정의 역할이 있다. 그리고 관리자 아래 대응 부서를 크게 4개의 팀으로 나눈다. 발생 감시팀, 예방관리팀, 학사관리팀, 행정지원팀이다. 명칭만 봐도 대충 이해가 되는 역할이다. 발생 감시팀은 학년 부장, 학생 인권안전부장이 담당하게 되고 말 그대로 학생들의 코로나 발생을 감시하는 팀이다. 협조하는 사람은 담임교사, 교과 담당 교사, 보건교사가 있다. 예방관리팀은 보건교사가 총괄하고 협조하는 사람은 담임교사이다. 학사관리팀은 교무기획부장이 총괄이고 협조하는 사람은 교육과 정부장, 담임교사, 교무행정사가 있다. 학부모 대상 상황전달 및 수업 결손 해결방안 강구 기타 업무가 있겠다. 행정지원팀은 행정실장이 총괄하고 학교 전체 소독이나 선별진료소 설치 시 설치에 필요한 각종 사안에 대해 협조하게 된다.

부서 간 협업을 통해 학교 내 코로나19 대응한다. 보건교사 혼자서 하는 것이 아니다. 감염자가 발생하면 학교가 마비 상황이 되기 때문에 부서 전체가 나서서 미리 인지한 맡은 역할대로 일사천리로 움직이려 노력한다. 예방에서부터 확진자 발생 때 대응까지 그 하나하나에 있어서 협업이 요구된다. 이런 코로나19 감염관리법에 관해서 알고 있어야 하겠고, 그것을 위해 보건교사는 구성원 전체가 코로나 대응법에 대해 이해하고 역할을 인지할 수 있도록 수시로 안내해야겠다. 또한 부서별 어떤 책임이 있는지, 평상시 예방 차원의 역할과 상황 발생 시의 역할을 나누어서 공지되어야겠다. 안내하고 공지하는 태도에서는 교직원들에게 부담을 주는 것 같아서 미안한 마음이 들 수 있는데, 학교 전체를 위한 일이기에 개인적인 감정에 너무 매몰되지 말기를 바란다. 개인적인 감정은 충분히 이해되는 부분이지만 학교 내 코로나19 예방과 확산 방지를 위해 협업만이 최선임을 인지하고 당당히 안내하고 요구하면 되겠다. 부드러운 메시지로 반복적으로 부서별 역할 공지를 한다면 점점 익숙해지고 코로나19는 함께 대응한다는 자연스러운 분위기가 조성될 것이다.

보건교사의 단톡방은 정보공유의 플랫폼이다

"J고 오늘까지 해당 학급에서만 양성판정 6명 나왔습니다. 델타바이러스가 무섭네요. 매우 괴롭습니다."

헉, 한 반에 6명이 확진이라니, 이런 무더기 확진은 이때까지 없었다. 대체로 학교는 그래도 방역이 잘 되는 편이었다. 학원보다는 공간이 넓어서 밀집도가 낮고, 선생님들의 협조하에 환기도 대체로 철저히 노력하고 있다. 에어컨을 켜지만 창문은 열어둔다. 감염병 예방 차원에서 환기를 통해 만약, 있을 수 있는 바이러스를 희석하고 제거하고자 하는 목적이다. 그래서 반에 확진 학생이 발생하더라도 추가확진자는 그동안 거의 없었다. 그런데 6명 한꺼번에 양성판정이라니, 그동안에 이런 일은 없었기에 보건교사 단톡방에 올라온 다른 학교의 상황이 다소 충격이었다. 해당 학교와 해당 보건교사의 충격은 얼마나 클지 짐작이 가지 않을 정도이다. 그나마 다행스러운 것은 지금이 추석 연휴 기간이란 것이다. 우리 학교 같은 경우에는 재량휴업일 이틀을 사용하여 거의 10일 가까이 등교하지 않는다. J고는 재량휴업일이 있는지 모르겠지만 그나마 연휴라는 징검다리가 있어서 심각한 코로나19 확산을 조금은 끊어주는 역할을 한다. 어찌하였든, 단톡방 정보통이 있어서 관내 다른 학교의 코로나 현황을 제대로 파악할 수 있다. 한 반 6명 확진이라면 델타 바이러스의 전파력이 강력함을 다시 한번 인지하게 되고 연휴 끝나는 날부터 철저하게 방역수칙을 강조하고 관리해야겠다고 생각했다. 단톡방으로 인해 코로나 예방과 관리에 대한 새로운 의지를 다지게 되었다.

나는 필리핀에서 아이 둘과 1년 반 정도 살면서 단톡방의 덕을 톡톡히 보았다. 교민들이 서로 정보를 공유하는 단톡방이다. 그곳은 참여 인원이 3,000명으로 단톡방에 들어가기도 쉽지 않다. 한 사람이 그 방을 나가는 순간, 타이밍이 맞아 들어오는 사람은 운이 좋은 사람이라고 했다. 들어가고자 하는 사람은 많은데, 시스템상 인원이 제한된 것이 아쉬웠다. 나도 우연히 이웃에 사는 에이미의 초대로 들어갈 수 있게 되었다. 들어가기 전에는 교민 단톡방을 존재여부도 잘 몰랐다. 그냥, 이웃 사람에게 근근이 정보를 얻어 적응하며 살아갔다. 이웃을 통해서 얻는 정보와 단톡방을 통해 얻는 정보는 양적, 질적인 면에서 비교가 안 되었다. 기계발전이 없을 때는 어떻게 살았을까 생각이 들 정도이다. 해외에서 적응 기간 중인 사람들에게는 가뭄의 단비와 같은 역할을 단톡방이 한다. 가장 도움이 되는 부분은 건강과 관련된 부분으로 주변 사건·사고에 대한 정보였다. 필리핀 하면 치안이 불안하다고 생각하는데, 나 역시 그런 마음으로 다소 긴장하며 살았다. 단톡방에서 가끔 올라오는 인근 사건·사고의 소식을 들으면 더 조심했고 그쪽 지역의 출입은 자제했다. 또한 현지에 직접 살면서 실시간으로 전해주는 다양한 경험의 한마디가 필리핀에 갓 도착한 사람에게는 책의 어떤 정보보다 요긴했다. 그래서 항상 교민 단톡방의 소식에 주의를 기울였다. 또한 궁금한 것이 있을 때, 간단히 질문을 올리면 바로 답을 얻을 수 있어서 굉장히 도움이 많이 되었다.

하루는 집 마당에 세워둔 자동차 배터리가 방전되어 곤란했던 적이 있었다. 교민 단톡방에 어떻게 해결하면 좋을지 질문했다. "우선, 트라이시클을 타고 인근 카센터로 가서 상황을 설명하고 배터리를 구매해서 기술자와 동행하여 집으로 와서 배터리를 교체하는 것이 좋겠다."라는 답변이 왔다. 트라이시클은 택시처럼 여러 명이 탈 수 있도록 오토바이를 개조한 필리핀 서민이 자주 애용하는 교통수단이다. 이런 경우 한국은 별문제가 되지 않는 상황이지만 필리핀이다 보니 당황스러웠다. 하지만 조언대로 그렇게 해서 간단히 해결했다. 외국인이라 조금 비싸게 금액을 요구하는 때도 있는데 따지지 않았다. 다음에 또 발생할 수 있는 상황을 대비해서 흔쾌히 지불했다. 해외에서는 돈보다도 급박한 상황에서 문제를 제대로 처리할 수 있는 것이 더 중요하다는 것을 또 느꼈다.

보건교사의 단톡방도 꼭 있어야 할 정보공유 플랫폼이다. 특히 오랜만에 일터로 돌아온 보건교사나 신규 보건교사에게는 유익한 알짜 정보를 얻을 수 있는 곳이다. 보건 일을 꾸준히 한 사람에게도 유익하기는 마찬가지이다. 학교별 상황 정보 확인이 가능하기 때문이다. 코로나19 상황은 수시로 변화해가고 있다. 신규 확진자 수가 매일 다르듯이 지침 또한 수시로 바뀐다. 보건교사의 단톡방 활용은 다음과 같은 목적으로 사용하면 좋을 것이다.

첫째, 질문하기

"질문 있습니다. 확진으로 전수검사는 해당 학년 및 수업 교사와 담임교사까지인가요?" 누군가 이렇게 질문을 했다. 답으로 역학조사관이 알려준다고 누군가가 답 글을 달았다. 질문한 사람은 알고는 있지만, 다시한번 확인하기 위해서 질문하는 때도 있다. 하던 일도 가끔은 헷갈릴 수 있기 때문이다. 어떤 목적의 질문이라도 편하게 할 수 있는 곳이 보건교사의 단톡방이다.

둘째, 답변해주기

위의 질문에 대해서 나도 답을 달았다. 나의 경험을 근거로 답글을 올렸다. 일반적으로 확진자가 있는 해당 학년 전체와 담임, 수업한 모든 선생님이 검사를 받는다. 일반적인 검사 범위에 대한 정보가 미리 필요로한 이유는 가끔 코로나 검사를 하지 않으려는 사람이 있기 때문이다. 이물질이 자신의 콧속 깊숙이 들어온다는 자체가 싫은 것이다. 하지만 어쩔 수 없는 상황이 있다. 이럴 때는 검사를 해야 한다. 이 질문을 한 보건교사는 학교에서는 이런 사람에 대한 일반적인 정보를 미리 제공하고자하는 의도로 질문했을 것이라 본다. 확진자 발생으로 선별진료소 설치후 학교 내 검사를 시행한 경험으로 나는 답변을 주었고 그래도 도움이 되었다는 또 다른 답 글을 볼 수 있었다. 답변을 달면 다시 한번 기억하게 되어 나 자신도 역시 좋다.

셋째, 상황 공유하기

위기 상황에서 정확한 상황에 관해 파악하고 있는 것은 중요하다. 현재 상황을 알아야 어떻게 대응 전략을 세울 것인지 결정할 수 있기 때문이다. 코로나19 학교별 확진 인원을 공유한다. 관리자들도 관리자들만의 단톡방이 있어 코로나19 상황을 공유하고 있겠지만 아마도 보건교사 단톡방처럼 세세한 공유가 되진 않을 것으로 추측한다. 코로나19 상황은 호전되지 않고 있다. 백신 접종률이 높아지고 있지만, 변이바이러스의 출몰은 계속 이어지고 있어 좋아진다는 느낌이 없다. 오히려 2학기에 접어들면서 관내 학교의 신규 확진자 수는 계속 늘어나는 추세다. 이런 상황에서 연휴 끝나고 전면등교를 하는 학교도 많다. 전면등교일 경우 심히 우려스러운 부분이 있지만 일단 겪어보는 수밖에 없다. 이런 위급한 상황에서 상황공유를 위한 단톡방이 빠른 대응에 도움이 될 것이다.

넷째, 정서적 지지 주고받기

관내 학교의 급증하는 확진자 수를 대할 때면 남 일 같지 않다. 현재까지 우리 학교는 1명의 확진자가 발생하였지만 20명 이상 발생한 학교도 있다. 앞으로도 확진자가 계속 늘어날 것이라 예견을 할 수 있는데, 보건교사들은 항상 긴장하고 있다. 학교 내 확진자가 발생하면 즉각적으로 판단하고 취해야 할 일이 많이 생긴다. 인지하는 즉시 교육청 보고부터 시작해서, 밀접접촉자 파악, 선별진료소 설치 여부에 대해서 보건소와 소통, 학부모 전화, 선생님 전화 또는 방문, 임시 긴급회의, 회의 브리핑, ……보건교사는 한 몸으로 부족하다. 일인다역을 해내야 한다. 학교의 모든 구성원이 내 일처럼 함께하지만, 보건교사의 역할은 많다. 확진자가 발생할 때마다 고된 일들이 되풀이된다. 심신이 지쳐가는 것은 쉽게 추측할 수 있다. 이럴 때 단톡방에서 서로 공감하고 말 한마디라도 응원하고 위로한다면 힘을 얻는다. 보건교사 간에 정서적 지지가 그 어떤 때보다 필요한 시기가 바로 지금, 코로나19 팬데믹 상황이다.

큰일을 하려면 함께 가야 한다. 코로나19 팬데믹의 적절한 대응도 함께해야 덜 지치고 꾸준히 할 수 있다. 보건교사 간의 단톡방이 있어 보건교사들끼리 서로 힘이 되는 시스템을 만들어야겠다. 기존 단톡방이 왕성한 활동이 없는 단톡방이었다면 위기 대응을 위해 새롭게 쇄신하도록 구성원 전체가 노력해야 한다. 누구를 위한 것이 아니라 자신을 위한 일이고 학교를 위한 일이다. 넓게는 지역사회 전체의 건강을 위한 일이다. 단톡방에서 누군가가 글을 올리면 서로 답 글을 달아주도록 노력해서 글을 올린 사람이 민망하지 않도록 해야겠다. 아무도 답하지 않은 질문을 한 사람은 다음에 글을 올릴 때 한 번쯤 고민하게 된다. 쓸까? 말까? 이런 고민이 생긴다면 단톡방은 서론 간에 힘이 되는 단톡방이 되지 못한다. 자유롭게 공유하고 어떤 글이라도 서로 격려해주는 분위기에서 기가 막힌 정보가 흘러나온다. 보건교사 각자의 업무 노하우들도 단톡방에서 자유롭게 나누게 될 것이다. 이렇게 함께 대응하며 성장할 수 있는 것이다. 진정한 응원과 정보공유가 가능한 플랫폼이 단톡방임을 다시 한번 상기하고 코로나19 전염의 지혜로운 대응에 단톡방을 최대한 활용하도록 하자.

확진자 발생 때 침착하게 대처해라

"샘, 어제 검사한 저희 반 학생이 양성 판정받았다고 지금 막 연락 왔어요."

갑자기 머리를 맞은 듯 눈앞이 캄캄해진다. 드디어 그날이 왔다. 학교 내 확진 학생이 발생한 것이다. 이 학생은 어제, 언니가 확진되면서 검사를 받았다고 한다. 안타까운 것은 연락을 늦게 받아 학교에서 오후까지 방과 후 수업까지 다 받고 귀가했다. 과학 수업이 끝난 오후 6시쯤, 엄마로부터 연락을 받고 바로 보건소로 가서 검사했다. 양성판정을 받은 언니의 경우, 오전에 음성을 받았지만, 약간의 착오가 있어서 오후에 재검사 후 양성판정을 받게 되었다고 한다. 그래서 온 가족이 코로나 검사를 받았고, 그 학생도 받게 되었다. 이 사실을 담임교사한테서 처음 듣고 마음이 개운하지 않았다. 가족은 집에서 마스크를 착용하지 않는다. 즉, 최고의 밀접접촉자가 되어 코로나 전염될 확률이 가장 높다. 결국, 학생은 다음 날 아침 양성판정을 받았고 확진자가 되었다.

    학교에 확진자가 발생하면 빠르게 학교 대응 행동을 시작한다. 나는 확진자를 인지한 시점부터 검사, 최종 보고까지 1박 2일 동안 시간을 되돌려보았다. 시간의 흐름에 따른 대응 상황들은 다음과 같다.

    우선 담임교사로부터 연락을 받자마자 교육청 상황실에 전화로 보고를 했다. 아무래도 학생은 담임교사를 가장 가깝게 생각한다. 쉽게 말해서 다른 교사에 비해 담임교사와 라포르 형성이 되어 있다. 보건교사가 전날 통화를 하고 결과가 나오는 대로 연락 달라고 해도 학생은 담임교사에게 가장 먼저 알리는 경향이 있다. 나도 담임교사로부터 연락을 받았다. 연락받자마자 핸드폰으로 교육청에 보고했다. 평상시 교육청 상황실 전화번호는 핸드폰에 저장해두는 것이 좋다. 기타 업무상 필요한 번호도 핸드폰에 저장해두면 빠르게 연락할 수 있어 유용하다. 보고는 관리자가 구두보고하고 보건교사가 서면보고 하라는 지침이 있지만, 관리자에게 "전화 보고할까요?"라고 질문해보고 직접 교육청에 전화 보고하면 된다.

    바로 긴급회의를 시작했다. 교감, 교무부장, 생활안전부장, 기타부장들이 보건실로 모였다. 모이자고 특별히, 말하지 않아도 비상사태다 보니 학교 대응을 위해 보건실로 자연스럽게 모였다. 확진자 관련 긴급회의 장소가 보건실이니 좋은 점이 있다. 보건소와 전화 통화를 하면서 즉각적으로 학교 대응 방향을 잡을 수 있다는 것이다. 나는 보건소의 역학

담당 조사관과 통화했다. 역학조사관은 내가 알려주는 정보를 바탕으로 바로 검사 범위, 검사방법을 정했다. 확진자가 2학년생이라 고2 전체를 대상으로 검사하기로 했고, 검사방법은 학교 내 선별진료소 설치 후 실시하는 것으로 정해서 알려주었다. 옆에서 통화내용을 듣고 있던 선생님들은 궁금해서 질문할 내용을 통화 중이지만 종이에 적어서 나에게 보여주었다. 문제는 고3 학생을 어떻게 관리하느냐이다. "고3 학생들은 어떻게 하면 될까요?" 계속 남아서 수업을 해도 되는지, 아니면 귀가를 시켜야 하는지, 조사관에게 질문을 했다. 조사관은 그것은 학교에서 결정해서 하면 된다고 답을 주었다. 전화를 끊고 교감 선생님은 고3은 귀가 시키자고 했고 그 결정에 따라 생활안전부장은 방송을 통해서 차례로 고3 학생들을 귀가시켰다. 학생 귀가 전에 교무부장은 학부모에게 학교 상황과 학생 귀가에 대한 메시지를 보냈다.

학교 내 선별진료소를 설치했다. 최근 코로나19 관련 보건소 업무 과중으로 학교 내에 선별진료소를 설치하지 않고 보건소 방문해서 검사를 진행한 학교들이 많았다. 하지만, 우리 학교는 선별진료소 설치로 결정 내려져 선생님들이 빠르게 움직였다. 주로 체육 관련 선생님들이 주축이 되어 각 부서 남자 선생님들이 앞장서서 텐트 치고 책상, 걸상을 배치하였다. 걸상은 1층에 있는 급식실 의자를 사용했다. 나는 텐트 치는 것을 보고 보건실로 와서 필요한 방역물품을 챙겼다. 상자에 페이스 쉴드, 장갑, AP 가운, 휴지, 볼펜, 손소독제, 소독 티슈, 기타 등, 상자 2개로 만들었다. 보건실로 들어오신 선생님들에게 상자 이동을 부탁드리고 행정업무를 했다.

선별진료소 설치하는 동안 2가지 행정업무를 처리했다. 보건소에서 필요한 자료를 메일로 보내주는 것이다. 그 자료는 확진자 학년 명단과 학교 현황, 건물 배치도이다. 또한 검사 요원 여러 명이 검사하므로 검사할 고2 학생들 명단 여러 부가 필요하다고 했다. 5부 정도 출력했는데, 교감 선생님에게 인력지원을 요청하여 실무사가 보건실에서 대응 지원을 하고 있어서 실무자의 협조로 5부를 출력했다. 이것은 보건소 직원이 도착하자마자 건네줄 자료이다. 이 자료가 없으면 검사 시작이 안 되기 때문에 미리 출력하는 것이 중요하다. 또한, 전반적인 자료들은 이메일로 전송했다. 보건소 담당자가 자료 요청을 할 때 준비해서 보내주면 된다. 보건소 관련 행정업무가 어느 정도 끝나면, 교육청에 보고를 한다. 교육청 보고는 확진 학생에 대한 보고이다. 확진 학생의 최종 등교일, 학원 상황, 가족 사항, 가족 중에 교육자가 있는지, 형제의 학교 이름, 증상 유무, 밀접접촉자, 등, 역학조사에 필요한 내용을 적는다. 이 부분은 전날 담임선생님에게 양식을 보내주어 자료를 받아두었다가 다음날 보고하면 시간을 벌 수가 있다.

보건소 검사직원이 도착하는 대로 검사를 시작했다. 보건소 직원이 도착하기 전 선별진료소 설치와 서류 준비는 마무리되었다. 이제 검사를 시작하면 된다. 고2 학생은 3줄로 나누어 섰다. 1줄에 한 번씩, 번호순서대로 세웠다. 검사하는 창구가 3개가 되는 것이다. 검사는 교사들도 받았다. 고2 학년 담임교사와 그 학생 이동 수업한 교사, 또 접촉이 의심되는 교사도 신청해서 받았다. 간간이 밀접접촉자가 있음을 뒤늦게 인지하고 그것에 관한 질문도 있었다. 보건교사가 판단해서 검사 여부를 결정하거나 검사 담당자에게 질문해서 검사를 결정하면 된다. 이것도 여유가 있을 때 그렇게 하고 여유가 없다면 본인이 본인의 상황을 가장 잘 아니, 본인이 판단해서 결정하라고 해야 한다. 그렇게 빠르게 검사는 진행되었고 단 2시간 만에 250명가량의 코로나 검사가 모두 종료되었다. 텐트도 번개 장터 마냥 2시간 만에 철수되고 선별진료소로 설치한 자리는 원래의 모습대로 깨끗해졌다.

검사 결과가 나올 때까지 기다리지 않고 검사하는 당일, 학생들은 먼저 분류된다. 역학조사관은 보건교사와 통화를 하면서 학생들을 자가격리자와 능동감시자로 분류했다. 자가격리자는 확진자와 같은 반 아이들이 해당한다. 그리고 능동감시자는 확진자와 이동수업을 함께 한 학생들이다. 이동수업 자료는 수업계 담당 교사로부터 자료를 받아, 확산 2~3일 전부터의 수업을 함께 받은 학생들을 고2 역학 자료에 표시해서 메일로 보낸다. 그 학생은 모두 능동감시자가 되는 것이다. 이렇게 분류되어서 검사 당일 메일로 받게 된다. 자가격리자와 능동감시자는 보건소에서 문자메시지 혹은 전화로 개별 안내를 한다. 자가격리자면 격리기간 동안 집안에서 격리하게 되고 능동감시자인 경우는 출근 및 등교를 할 수 있지만, 매일 1번씩 유증상 유무를 보건소로 보고해야 한다. 만약, 유증상이 생긴다면 바로 보건소로 연락해서 코로나 검사를 받게 된다. 보건교사는 능동감시자였으면 반이 섞여 있어서 고2 학년 부 담임교사에게 명단을 공유하여 그 학생을 관찰할 수 있도록 하면 좋을 것이다. 이런 자료들은 교감과 교무부장에게도 수시로 공유해서 수업 및 학교 대처 방향을 정할 수 있도록 한다.

다음날 결과가 나오면 학부모, 학생, 교직원 전체에게 알려준다. 검사 후 결과 나올 때까지 가장 긴장이 된다. 추가확진자가 나오지 않기를 바란다. 다행히 추가확진자가 나오지 않았다. 다음 날 아침, 일찍 검사한 사람들은 음성이란 문자메시지를 받았다고 한다. 아무래도 학교이다 보니, 보건소에서도 서둘러 결과를 알려준 듯하다. 보통은 10시가 넘어야 문자를 받는데, 빠른 안내로 능동감시인 교사들도 출근하게 되었다. 한 가지 아쉬운 것은 학생들 결과를 한꺼번에 받지를 못했다는 것이다. 자가격리자와 능동감시자는 보건소에서 따로 명단을 주지 않았고 학교 자체에서 취합하라는 답변을 받았다. 담임에게 다시 반 단톡방을 통해서 양성 여부를 확인하라고 전달했다. 몇 명 학생은 답이 없다고 한다. 그때 시간이 10시가 넘어가고 있었다. 만약, 학생 중에 양성이 있다면 보건소에서 먼저 연락이 왔을 것이란 생각을 번뜩했고, 그래도 확인차 보건소에 문의하니, 맞다고 한다. 결국 몇몇 확인 못 한 학생들도 음성이란 말이다. 그렇게 해서, 전원 음성이 확실시됨으로 인해 교무부장은 학교 관련 전체 사람들에게 음성이란 문자메시지를 보냈다. 보건교사인 나는 추가 확진자 없이 자가격리자 명단 28명만 교육청에 최종보고했다. 코로나 확진자 인지에서부터 검사, 보고까지 1박 2일간의 과정이 모두 마무리되었다.

학교 내 확진자가 발생하면 긴장되고 당황스럽겠지만 최대한 침착하게 대응해야 한다. 큰일은 크게 생각하고 하나하나 상황에 맞춰 처리하면 해결할 수 있다. 확진자 발생, 선별진료소 설치, 검사, 보고 모든 과정이 보건교사 혼자서 하는 것이 아니라는 점도 기억하자. 학교에서는 보건교사가 중심이 되기는 하지만, 학교의 모든 구성원이 함께 대응하는 일인 것이다. 너무 두렵게 생각지도 말며 혼자서 다 하려는 생각도 하지 말아야겠다. 평상시 확진자 발생 시 대응매뉴얼을 잘 숙지하고 대응 절차를 간단하게 타임 테이블식으로 작성하여 한 장짜리 메뉴얼을 만들어 수시로 보는 것을 권한다. 확진자 발생 경험을 통해서 느끼는 것은 확진자가 학교에서 발생하더라도 어떻게든 대응은 잘 진행된다는 것이다. 그 과정 중에 긴장하고 불안해서 예민해지면 다른 사람에게 불편감을 주는 실수를 할 수 있어서 이점을 특별히 주의하면 좋을 것 같다. 아무리 일을 잘하더라도 다른 사람 마음에 섭섭함이나 상처를 남기면 열심히 노력한 것에 비해 좋은 소리 듣기 힘들다. 고생한 보람이 없어지는 것이다. 침착하게 매뉴얼대로, 숙지한 대로 대응한다면 크게 무리 없이 잘 마무리될 것이다. 학교 내 확진자 발생 시 보건교사의 코로나 대응, 문제없다. 스스로 긍정적인 마음을 가지자.

급변하는 감염병 상황과 방역체계, 중심을 잡아라

3월 개학 첫날부터 학교에서 확진자가 발생했다. 마음의 준비를 한 일이었기에 그렇게 놀라지 않았다. 현재 신규 확진자 수는 21만 716명이다. 오미크론 강세에서 학교도 피해가진 못했다. 그동안은 방학이어서 학생 감염이 어느 정도 차단되었다, 하지만 개학 첫날부터 확진자 발생으로 폭풍 전야상황이다. 개학 후 겨우 5일이 지난 금일, 학교 내 확진자는 총 16명으로 늘었다. 각 학년부서에서 매일 아침, 1, 2교시에 확진자를 실시간으로 입력하는 구글 시트를 만들었다. 학년별로 확진자와 동거인 확진으로 인한 등교중지 명단을 입력하고 있다. 가히, 상상을 초월한다. 이런 추세로 간다면 금방 학교 내 확진자 수가 전체 학생의 3%를 채울 것 같다. 지금 매뉴얼 상으로 신규 확진자 3%와 등교중지 15% 이상 발생하면 전면적으로 원격수업 전환할 수 있다는 지침이 있다. 차라리, 개학부터 원격수업을 해서, 추이를 지켜보다가 등교수업을 하면 좋지 않았을까 하는 생각도 잠깐 들지만, 대세에는 크게 영향이 없을 것 같다. 이제는 확산을 막을 방법을 찾는 시기는 지났다. 유행하는 독감처럼 위드 코로나를 향해 정부도, 교육청도 방역체계를 바꾼 상태이다.

학생이 보건실에서 침상 안정을 할 때 확인해주는 질병 결과확인서가 있다. 이 확인서는 학생이 몸이 아파 보건실을 찾았을 때, 보건교사가 1시간 수업 대신 쉬는 것이 필요하겠다고 판단하면 보건실 침대에서 쉬게 하고 학생이 교실로 돌아갈 때 확인해주는 확인서이다. 이것이 있으면 학생은 그 교과 시간에 결과가 되지만 질병 결과라서 출결에 크게 나쁜 영향을 미치지는 않는다고 한다. 그런데, 한 선생님이 나에게 이 양식지를 한 달에 한 번씩 거두어두었다가 학년 부로 직접 올려보내 주기를 바란다고 제안했다. 나는 그것은 힘들 것 같다고 이야기했다. 이유는 확인서는 보건교사가 아니라 출결 최종책임자인 담임교사가 챙겨야 할 서류이기 때문이다. 설사, 보건교사는 한 달에 한 번씩 수거해서 전달한다고 하더라도 본업인 보건 일로 바쁘다 보면 빠질 수가 있다. 그래서 최종책임자인 담임교사나 학년 부장이 챙기는 것이 합리적이다. 학생 자신이 필요한 서류를 학생이 보건교사로부터 받아서 담임교사에게 제출하면 될 것으로 본다. 이미 대부분의 학교에서 그렇게 하고 있다. 코로나19 상황으로 보건 일로도 정신없는 상황에서 이런 제안을 한 선생님에게 불편한 마음이 들기도 했지만, 보건교사는 감정적이기보다는 상황을 냉철하게 판단하고 대처해야 한다. 코로나19에 대응을 하다 보면, 이것보다 더

한 일들도 많다.

코로나19 대응을 위해 컨트롤 타워가 되는 것은 보건교사이다. 방역지침이 수시로 바뀌고 있는 상황에서 학교 구성원 모두가 혼란스럽다. 교육청의 지침이 하루 이틀, 일주일 사이에도 변경된다. 적응할만하면 새로운 지침이 내려온다. 앞에서 일하는 사람도 힘들고 뒤에서 그 지침을 따라 움직이는 사람도 역시 쉽지 않다. 이런 상황일수록 코로나19 대응을 위해 학교의 전 구성원은 협력 분위기로 돌입해야 하고 중심역할을 하는 보건교사는 중심역할을 하는 것이 중요하겠다. 여러 가지 이유로 혼란스러운 학교 상황에서 큰 역할을 해야 할 보건교사 자신이 스스로 경계할 행동 몇 가지를 정리해보고자 한다.

첫째, 비방하는 행위

사람인지라 비방하는 일도 있다. 일하다 보면, 화가 머리끝까지 오를 때도 있다. 이런 상황에서는 감정조절이 잘 안 된다. 감정이 격해지면 두뇌 회전이 더뎌져 이성적인 판단을 하지 못한다. 주의해야겠다. 코로나19 예방과 관리로 바쁜 와중에 매일 보고하는 일은 쉽지 않다. 1시 전까지 무조건 보고를 해야 한다. 보건교사는 보고체계를 단순화하여 대응업무에 좀 더 집중할 수 있도록 해달라고 건의했다. 하지만 변화는 없었고 보건교사들은 쌓여가는 피로감으로 감정조절에 실패하는 사람들이 하나둘 나타나기 시작했다. 물론 일일 보고만이 문제가 아니다. 이런 상황에서도 자신의 감정만은 쓸데없이 소비하지 않도록 해야겠다. 가장 큰 낭비가 서로를 비방하는 것. 비방으로 끝나는 것이 아니라 일의 효력을 떨어뜨려 코로나 대응에 실수가 발생할 수 있다는 점 기억해야 할 것 같다.

둘째, 안절부절못하는 말과 행동

학교 내 확진자가 발생했을 때가 가장 멘붕인 상태가 된다. 보건교사이지만 특별히, 감염병 대응에 대해 전문가의 교육을 받은 것은 아니다. 여러 번 상황을 겪으면서 배우고 익혀가며 책임감으로 코로나 대응의 일을 완수하고 있다. 지금은 방역 당국의 지침이 바뀌어 보건소가 하던 교내 접촉자 분류까지 보건교사가 하고 있다. 기본적인 분류기준은 교육청에서 내려오지만, 구체적인 내용에 대해서는 학교 자체에서 결정, 보건교사의 재량으로 정해야 한다. 며칠 전에 1학년 반에서 확진자가 발생했다는 연락이 왔다. 이 학생은 등교하기 전 병원에 가서 검사하고 당일 결과를 받았다. 보건소는 보통 검사하고 결과가 나오는 것이 하루 소요되는 것에 비해서 병원에서는 당일 나온 것이다. 접촉자 기준을 검사하는 날 학생이 등교했느냐 안 했느냐로 잡기로 했는데, 이 학생 같은 경우는 애매했다. 검사 날은 학교를 안 왔지만, 확진 하루 전인 어제는 학교를 왔기 때문에 교실 바이러스 전염의 우려가 있다는 것이다. 하지만, 규정을 검사 날 등교 여부로 접촉자를 정하기로 했기 때문에 반 학생들은 접촉자로 분류하지 않게 되었다. 그 과정에서 안절부절못한 말과 행동이 있었지만, 여러 선생님과 빠른 협의를 거치고 관리자의 판단을 통해서 기준을 재확인하고 접촉자 처리를 시행하였다. 그리고 전체 교직원들에게 회의 결과를 전달하는 것으로 마무리 지었다. 추후 추가 확진율을 파악하여 교내 접촉자 기준 조정의 가능성은 있어 계속 관찰할 예정이다. 업무의 변화로 처음에는 혼란스럽겠지만 시간이 지나면 안정을 찾는다. 그 중간과정에서 보건교사는 안정적으로 일을 처리함이 필요하겠다.

셋째, 독단으로 결정하는 행위

협력을 위해서라도 독단적으로 결정할 수는 없다. 학교 일이 학생과 관련 있는 일이 대부분이고 학생과 관련된 일이기 때문에 여러 부서와 협동 해야 한다. 건강과 같은 전문적인 영역일 경우에는 보건의 전문성으로 일하게 되지만 일하는 과정은 협조가 필요한 만큼 확실히 조율과 안내가 필요하겠다.

다섯째, 코로나19 예방과 대응을 위해 가장 기본 중의 기본인 공문 읽기를 소홀히 하는 행위

공문이 곧 매뉴얼이다. 교육청에서 학교 차원에서 수행해야 할 지침들을 공문으로 내려보낸다. 각 학교에서 공문을 바탕으로 학교 자체 환경에 맞게 일을 한다. 코로나19 예방과 대응도 마찬가지이다. 매뉴얼이 학교 현장에 딱 맞아 떨어지지 않는 부분도 있다. 매뉴얼에 없는 부분은 일하는 사람의 역량으로 채워야 한다. 꼭 필요하다면 직접 교육청으로 유선 질의를 통해서 해결한다. 나는 매일 공문을 들여다보고 있다. 수시로 바뀌는 방역지침들이 볼수록 헷갈려서이기도 하지만 내 몸에 지침들을 장착하기 위해서이다. 반복해서 보지 않는 것들은 금방 또 잊어버린다. 같은 내용이라도 한 번 더 읽음으로써 머리에 잘 저장된다. 확진자 대응

법은 상황 발생 때 바로 처리하기 위해 연구하고 재독 하는 것이 더욱 필요하다.

　요즘, 코로나19와 매일 씨름하지만, 마음은 뿌듯하다. 오히려, 보건교사의 전문성을 제대로 인정받는 시기이기 때문이다. 벌써, 코로나 대응 3년째이다. 학교에서 코로나19로 인해 혼란의 시간을 보냈고, 지금도 완전히 벗어난 것은 아니다. 방역 당국과 교육청 지침이 조금씩 다른 관계로 기준을 어디에 두어야 하는지 애매할 때도 많다. 이론과 현실은 차이가 있다. 교육청은 세세한 지침을 공문으로 내려보내지만, 현실에서는 미처 생각지 못한 다양한 사례들이 발생하고 있다. 현실 사례에 공문을 대입할 수 없는 상황이 벌어지는 것이다. 이럴 때 학교에서 전문가라고 할 수 있는 보건교사의 능력과 역할이 진가를 발휘하고 있다. 학교 실정에 맞게 긴급회의를 열어 시기적절하게 최선의 예방과 대응을 하는 것이다. 부족하면 부족한 대로 넘치면 넘치는 대로 서로 나눔 하면서 함께 대응하는 분위기도 조성하고 있다. 세계적인 추세가 이제는 독감처럼 코로나19를 정의하는 방향으로 이동 중이다. 많은 사람이 백신 접종을 완료했고 중증화로 가는 숫자가 줄어든 영향일 것이다. 학교에서도 그 추세에 발맞추어 적응해가는 과도기에 있는 만큼, 보건교사의 역할이 또 한번 빛을 발휘한다. 우리 모두 힘을 합해 조금만 더 힘을 내면 좋겠다. 일반인들도, 학교의 선생님들도, 또한 코로나 대응에 가장 중심적인 역할을 하는 보건교사들도. 코로나19가 이제 곧 종식됨을 직감적으로 알고 있다. 앞으로 어떤 신종 감염병이 출몰하더라도 시행착오를 줄여 문제없이 대응하리란 점도 누구나 인지하고 있다.

제5장
보건교사의 존재감은
지금도 상승 중이다

학교에서 한 명뿐인 보건교사, 나무보다 숲을 봐라

학교에서 한 명뿐인 보건교사, 나는 보건교사로서 책임감을 느낀다. 보통 일반부서들은 최소 2, 3명의 교사로 구성된다. 많으면 총 5명 정도 된다. 중요하지 않은 부서가 없겠지만 그래도 좀 더 큰 역할을 한다고 할 수 있는 교무부나 학생부 같은 경우에는 최소 5명의 선생님이 배치된다. 보건은 특수한 건강업무이지만 독단 부서가 아닌 다른 부서에 소속되어 있다. 학교에서 보건교사는 한 사람뿐이기 때문이기도 하고 학교가 학생의 배움을 더 중시하기 때문일 것이다. 아이들이 잘 배울 수 있도록 여건을 만들어주는 보조적인 위치에 있다. 보통 체육과에 소속된 경우가 많다. 하지만 현재 있는 학교에서는 학생과 소속이다. 학교마다 명칭은 다른데, 현재 이 학교의 명칭은 생활 인권안전부이다. 체육과 소속도 좋지만 생활 인권안전부 소속이 오히려 보건업무와 더 관련이 있다고 본다.

보건은 학생 전체를 대상으로 하는 행사가 많다. 흡연이나 성교육 관련해서도 생활 인권안전부서와 관련이 더 있다. 또한 코로나 상황이기 때문에 아침 발열 체크는 학생 등교지도를 하면서 함께 이루어지고 있어 학생과와 원활한 협조가 더 필요해 보인다. 사실, 보건은 혼자서 판단해서 결정 내려 처리할 업무들이 많은데, 이런 측면에서 보건 일과 관련된 일을 하는 부서라면 일에 대한 이해도가 높아져 긴밀한 협조가 이루어진다. 결국, 학교 건강관리 성과율도 높아진다. 학교에 1명인 선생님은 보건 외에도 사서, 영양이 있다. 그리고 관리자도 이에 해당이 된다고 볼 수 있겠다. 주로 혼자 판단해서 일해야 하는 선생님일수록 눈앞의 상황에만 집중하기보다는 큰 관점으로 일 처리하는 것이 필요하겠다.

조직에서 혼자인 사람은 특별한 감정과 행동을 보인다. 가정이나 직장이나 마찬가지이다. 나는 집에서 엄마로서 역할을 한다. 직장에 있는 시간을 빼면 대부분 엄마로서 살아가고 있다. 아직 아이들은 어려서 고집을 부릴 때가 자주 있다. 초등학교 고학년인 아들과 딸은 사춘기가 왔는지 요즘 부쩍 감정 기복이 심하고 주장도 세졌다. 딸은 밖엘 잘나가지 않으려 한다. 가끔 외식하자고 해도 자신은 포장해서 가져다 달라고 한다. 외식의 이유가 퇴근 후, 저녁 준비로 인한 에너지 소모를 조금 줄이기 위함도 있는데, 포장해서 다시 상 하나를 차리라니 피곤할 땐 이야기만 들어도 은근히 화가 올라온다. 그냥 함께 나가서 기분 좋게 맛난 음식 먹고 들어오면 좋으련만 요즘 딸은 특히 고집을 부린다. '그래 내가 참자.' 사춘기 기운이 느껴지니, 딸과의 관계를 위해서라도 참고 넘어간다. 공부

할 때도 딸은 부쩍 짜증을 많이 낸다. 영어 튜터 후 아이와 함께 브릭스 책을 읽고 해석하는 공부를 함께 한다. 분명히 쉬운 단어이고 반복해서 나왔던 단어인데 모른다며 읽다가 나의 얼굴을 빤히 쳐다본다. 바로 앞, 앞 문장에서 나온 단어이다. 하고자 하는 열의가 없는 것이다. 그래도 참아야 한다. 화를 내면 안 된다. "그래, 앞 페이지에서 나왔지, 여기 있네~" 최대한 상냥한 목소리로 말해준다. 바로 인내심을 발휘해야 하고 욱하는 감정이 치밀어오는 상황이지만 사춘기 딸과의 원만한 관계를 유지하기 위하여 참는다. 엄마이기에 가능하다. 아이가 사춘기를 잘 넘기고 정상적인 인간의 뇌로 발달할 때까지 좀 더 멀리 보고 엄마는 행동한다.

학교에서도 관리자는 확실히 다른 행동패턴을 보인다. 직책이 사람을 만드는 것일까?, 관리자의 시각은 평범한 선생님들과 다르다. 처음 복직해서 나는 모든 것이 서툴렀다. 그때 교감 선생님의 특별한 대접을 받았다. 나는 그렇게 생각한다. 특별한 대접이라면 지도 편달이다. 그것도 기분 상하지 않을 정도로 조용하면서도 세밀하게 업무 보조역할을 해주셨다. 일단, 사기진작부터 필요한 상황이었기에 적당한 업무를 할당하셨다. 한꺼번에 많이 먹는 음식은 꼭 탈이 났던 경험이 있다. 처음에는 마구 먹어도 특별한 일이 없을 것처럼 생각했지만, 그렇게 먹은 음식은 결국, 복통을 유발하던지 복통까지는 아니더라도 불편감을 만들었다. 교감선생님께서도 소화할 업무량만큼만 할당하셨다. 4년간의 공백기가 있었기 때문에 적응하는 시간을 충분히 가질 수 있도록 배려한 것이다. 스스로 생각하고 판단할 능력이 조금씩 회복될 때까지 관리자는 보건교사를 위해, 학교를 위해 탁월한 관리 스킬을 발휘한 것이다.

종종 발생하는 코로나 밀접접촉자의 상황에서도 관리자는 자신의 코로나 경험과 노하우를 건네주었다. 현재 학교는 작년 한참 코로나가 심한 시기에 학교 내 확진자가 발생하였다. 그래서 엄청나게 혼란을 겪으면서 그 시기를 넘겼다고 한다. 시련은 또 다른 축복이라는 말이 있듯이, 그런 코로나 확진 상황을 겪으면서 나름의 코로나 대응 노하우가 생긴 것이다. 1년 전이라 기억이 조금은 퇴색되었다고 하더라도 그래도 완전히 없어지는 것이 아니었다. 동거인이 보건소로부터 격리 통보를 받으면 학생이나 교사도 함께 등교 및 출근 중지가 된다. 보건소에서 학교는 가지 못하더라도 동거인이면 일상생활은 가능하다고 해서 혼란스러운 부분이 있었지만, 어찌하였든 등교는 중지되는 상태이다. 그 학생이 다시 학교를 나올 때는 동거인 가족이 통보가 해제될 때 등교가 가능해진다. 교감 선생님은 그 학생이 등교 전에 코로나 검사를 할 것을 권유해보라고 나에게 이야기했다. 사실, 엄밀히 말하면 그 학생이 꼭 검사를 받아야 할 의무가 있는 것은 아니었다. 그래서 나는 굳이 검사를 받아야 할까? 하는 의구심이 들었다. 하지만, 다시 생각해보니, 검사를 받는 것이 학교가 안전할 수 있겠다고 생각했다. 왜냐하면 동거인을 격리 통보하는 이유는 밀접접촉자라는 의미이고 밀접접촉자라면 코로나19 바이러스 균을 보유하고 있을 수도 있다는 의미이다. 가족이니, 그 바이러스가 전염될 수도 있는 것이다. 검사해서 음성이면 다행이라 안심할 수 있는데, 만약 검사하지 않고 등교할 경우, 양성으로 뒤늦게 판단될 가능성이 있다. 그래서 검사하고 등교하는 것이 안전하다고 볼 수 있겠다. 그래서 결국 검사를 권유했고 다행히 공감해주어서 그 학생은 검사 후 등교하게 되었다.

위의 상황에서 교감 선생님의 조언은 내가 경험이 부족한 부분에 대한 것이었다. 교감 선생님의 학교 내 코로나 확산 방지에 대한 강한 의지가 없었다면 깊이 생각하지 않고 넘어갔을 수 있는 상황이었다. 학교 내 학생들의 학업은 물론 건강을 보호해야겠다는 관리자의 열정이 반영된 사례라고 여겨진다. 이 일 외에도 코로나19 감염예방을 위해서 내가 미처 생각하지 못한 점을 조용히 주도하는 교감 선생님 모습을 자주 보게 되었는데, '역시 관리자는 다르구나'하는 생각을 했다.

보건교사는 학교의 건강지킴이로서 1년을 내다보고 계획을 세운다. 1년 계획에서 굵직한 업무들은 연초에 미리 그림을 그려야 한다. 건강검진은 1년 동안 완성해서 연말에 통계 보고를 해야 한다. 고등학생 1학년은 병원 검진, 고등학생 2학년과 3학년은 학교 내 검진을 실시한다. 고1은 병원을 미리 선정해서 예약을 잡아야 한다. 올해는 코로나19 상황이라 출장 검진으로 진행하기로 했다. 고2도 원래는 학교 내 검사인데, 작년 코로나19로 인해 병원 검진이 유예되어 올해 출장 검진으로 시행하기로 계획 잡았다. 문제는 출장 검진할 병원이 거의 없다는 것이다. 관내 병원에서는 어려워 서울에 있는 병원으로 정했다. 날짜 잡는 것도 이미 다 잡혀서 겨우 이틀을 잡을 수 있었다. 조금 더 일찍 일이 진행되었다면 더 좋은 날을 선점할 수 있었겠지만 그나마 예약할 수 있었다는 것에 만족해야 했다. 건강검진은 미리미리 서두르지 않으면 출장 검진 자체를 하지 못할 상황이 될 수도 있겠다 싶다. 보건교사는 그러니, 연초에 중요한 일에 대한 목록을 작성하고 미리 계획을 세워야 한다. 건강검진은 특별히 더 서둘러 병원선정 및 계획을 세움이 필요하겠다. 보건교사는 하나만 생각하면 안 되는 것이 예산관리와 코로나19 방역물품 관리이다. 예산은 1년 치 예산이고 이것이 고르게 사용될 수 있도록 해야 한다. 특히 방역물품 같은 경우 한꺼번에 교실로 배분하면 2학기 때 사용할 물품이 부족할 수 있다. 그래서 방역예산과 방역물품은 2학기 때까지 사용할 수 있도록 사용기간을 보면서 일을 추진하는 것이 중요하다고 하겠다.

교실에서 방역물품으로 선호하는 물품이 있다. 소독 티슈 같은 것이 선호물품에 들어가겠는데, 일단 사용하기가 편하기 때문일 것이다. 사람에 따라 수시로 요구하기도 하는데 그럴 때는 난처하다. 보통 소독제로 분무해서 마른행주나 티슈로 닦아내는 것을 추천한다. 소독제가 들어있는 티슈는 밀접접촉자 물건을 빠르게 소독할 때와 시간이 촉박한 상황에서만 사용하도록 권하고 있다. 방역물품에 너무 무관심한 경우도 있고 너무 선호하는 경우도 있는데, 이럴 때 보건교사는 1년 방역 살림을 위해 물품도 적절하게 관리함이 필요하겠다.

보건교사는 학교에서 1명 뿐이기에 나무보다는 숲을 보며 일해야 한다. 일희일비도 자제해야 한다. 지엽적인 일에 집중한다면 시간 낭비, 에너지 낭비가 되어 학교 건강을 지키는 큰일을 놓칠 수 있다. 보건교사는 무덤덤하면서 소신 있게 내 일은 내가 책임진다는 자세로 밀고 나가야 할 것이다. 엄마는 아이의 미래를 생각해서 지금 당장 화내고 욱하는 성질을 맘껏 내지르는 대신 멀리 내다보고 좋은 말로 긍정적인 방향으로 유도하듯이 보건 살림살이도 마찬가지로 그렇게 해야 한다. 연초 건강검진에 대한 계획은 미리 세우고 코로나19 대응을 위한 예산과 방역 물품 관리는 적절하고 조화롭게 해야 한다. 선호하는 방역물품은 고르게 배분될 수 있도록 특별히 유념하면서 1년 동안 방역관리가 잘 될 수 있도록 큰 그림을 가져야 한다. 또한, 때때로 버거워 주변으로부터 도움이 필요하다면 주저하지 말고 당당히 요구하면서 학교 내 건강관리에 적신호가 켜지지 않도록 해야겠다. 결국, 나무 대신 숲을 보고 일하기를 바란다. 학교 건강의 수호자인 보건교사는 크게 보고 크게 그림을 그려 움직여야 한다.

건강이 없으면 보건 일도 없다

"건강이 최고야, 돈 아끼지 말고 먹고 싶은 것 잘 먹고 건강해야 해, 건강 잃으면 다 소용없어."

87세 어머님은 전화할 때마다 말씀하신다. 어머님의 경험담은 이렇다. 나이 먹으니, 돈도 필요 없다는 것이다. 돈 있고 건강 잃으면 무슨 소용이냐고 반문하신다. 젊었을 때는 돈 좀 벌려고 노력했고 돈 아까워 먹는 것도 제대로 먹지 않고 일했는데, 그때 잘 먹고 건강을 챙겼어야 했다고 한다. 그때 건강을 챙기지 않아 지금은 관절염이 생겨 손가락이 휘었고 다리는 일어날 때마다 소리가 난다. 걸음걸이 보폭을 넓힐 수도 없이 잰걸음으로 걷다 보니, 순간적으로 넘어진다. 몸이 고물이 다 되었다. 하염없이 이어지는 어머님의 말씀은 구구절절 옳다. 나이 들어 건강이 안 좋아지셨기도 하지만, 그래도 건강을 좀 더 살피지 못한 아쉬움이 커서 매번 저리 잔소리 같은 말씀을 반복적으로 하신다. '그래 맞아, 건강이 최고지, 나는 특히, 건강지킴이지 않은가? 건강 지킴이가 건강해야 학교에서 다른 사람의 건강도 지킬 수 있지 않겠나.'라고 각성한다.

학교의 건강지킴이인 보건교사는 특별히 더 건강해야 한다. 건강지킴이가 건강하지 않으면 그 사람의 말에 힘이 생기지 않는다. 흡연 예방 강사가 담배를 피우고 있다고 상상해 보자. 그 흡연 예방 교육이 제대로 되겠는가? 물론 강사는 대놓고 담배를 피우지는 않을 것이다. 그래도 세상에는 비밀이 없다. 남들이 보지 않는 곳에서 조용히 피우더라도 결국 사람들은 알게 된다. 손에도 담배 냄새가 날 것이며 옷에도 움직일 때마다 냄새를 풍긴다. 성교육 예방 강사가 성희롱으로 인해 고발되어 있다고 가정해보자. 상상만 해도 소름이 돋는 상황이다. 자신이 가장 중요하게 생각해야 할 그 업무의 가치를 자신의 삶에서 지켜내지 못한다면 대실수를 하는 것이다. 건강을 지키는 보건교사가 자신의 건강을 지켜야 함도 같은 이유이다.

보건교사의 업무 특성상 가장 취약해지는 몸의 부분은 허리와 목이다. 생각 외로 보건 업무 중 행정업무가 많다. 또한 아파서 오는 아이들의 일반적인 처치 건수들도 많은데, 이런 일들도 앉아서 하게 된다. 일반 교사들은 수업하기 위해 교무실과 교실로 이동하는데 생각하기에 따라 이동하는 그 시간을 운동한다고 생각하며 건강관리의 한 일부로 여길 수도 있다. 물론, 너무 힘들 때는 이것도 불가능하겠지만 그래도 마음먹기에 따라 충분히 운동이 될 수도 있다. 보통 학교에 있는 엘리베이트는 꼭 필요할 경우만 사용하는 것으로 권장한다. 움직임이 불편한 특수한 학생들을 위해 주로 사용한다. 덕분에 선생님들은 계단을 오르내리는 운동을 할 수 있다. 주로 교무실이 있는 2층에서 5층, 4층, 3층으로 움직이면 꽤 많은 운동을 할 수 있다. 다리, 팔 근육 운동도 자동으로 한다. 이에 비해 보건교사는 초등학교에서 수업하는 보건 선생님 외에 책상에 앉아서 주로 일들을 처리한다. 모니터를 보고 자판을 두드리거나 아이들 상처를 치료한다. 그 시간이 길어질수록 목은 거북목이 되고 허리에는 무리가 간다. 그래서 내가 선택한 건강 방법이 있다. 더 건강하게 일하기 위해 근무시간에 지켜야 할 나만의 건강원칙을 정했다.

첫째, 영양제 챙겨 먹기.

아침에는 아이들 먹이고 학교 태워주고 나서 출근하다 보니, 영양제 하나 챙겨 먹을 시간이 없다. 영양제라면 비타민과 눈 보호 영양제이다. 비타민은 코로나19 상황에서 면역력 향상을 위해 섭취하기 시작했다. 결국 모든 것이 면역력에 의해서 결정되기 때문이다. 아무리 독한 바이러스가 내 몸에 침투해도 무너뜨릴 힘이 있다면 이겨낸다. 그것이 바로 면역력의 힘이다. 또한 눈 영양제는 컴퓨터 모니터를 종일 보고 있는 것이나 마찬가지이기에 먹기 시작했다. 낮에는 보건실에서, 퇴근 후에는 집에서 나는 모니터를 껴안고 있다. 그래서 시력이 가장 걱정이다. 눈도 노화한다. 노화 진행 속도를 최대한 늦추기 위해서 영양제 보충을 까먹지 않으려 한다.

둘째, 물을 많이 마신다.

출근하면 500CC짜리 머그잔에 정수기 물을 받아서 책상 옆에 둔다. 미리 물을 챙겨두면 일을 하다가 머리를 식혀야 할 때 자연스럽게 손이 물컵 쪽으로 간다. 물을 먹기 위해서 손이 가는 것이 아니라, 잠시 휴식을 목적으로 하는 물 마시기인 셈이다. 이유와 과정이 어떠하던 물을 마시게 되면 좋은 것이니, 그렇게 해서 하루 섭취량을 늘린다. 물 2ℓ 마시기를 얼마 전에 한 적이 있다. 피부는 탄력이 생기며, 식사량도 줄어서 살도 빠지는 것을 체험했다. 물 마시기가 좋은 것은 두말하면 잔소리이다.

셋째, 보건실 안에서 걷기 운동하기

보건교사는 보건실을 장시간 비워둘 수 없다. 왜냐하면, 그사이에 아픈 아이들이 보건실을 찾을 수 있기 때문이다. 특별한 경우, 즉 보건교사 연수나 교육청 모임이 있다면 전문 역량 강화를 위해 필수로 참석해야 한다. 그 외의 경우에는 될 수 있으면 보건실을 지킨다. 과거에는 다른 사무실을 자주 다녔었다. 그러다 보니, 친한 사람도 생기고 친한 사람과 있는 시간을 늘리게 되니 보건실을 비우는 시간도 늘어났다. 나중에 이것이 보건교사에서 좋은 근무방식이 아님을 알게 되었다. 그래서 될 수 있으면 보건실을 지키려고 한다. 만약 응급상황이 발생했는데, 보건교사가 없다면 그만큼 시간을 지체하게 되는 것이다. 뇌는 4분만 산소공급이 차단되면 뇌사상태로 진행한다. 보건 일에 있어서 즉각적인 대응이 필요한 것들이 많기에 꼭 보건실을 지키는 것이 필요하겠다. 보건실을 떠나지 않더라도 손쉽게 할 수 있는 일이 걷기이다. 넓지 않은 공간이지만 반복해서 걷기 운동을 하면 분명 걷기의 효과를 볼 것이라 믿는다.

넷째, 엘리베이터 대신 걷는다

학교에서 엘리베이터 사용을 다소 제한한다. 누구나 맘대로 사용하면 좋겠지만, 그렇게 하면, 엘리베이터가 절실히 필요한 특수반 학생이나 응급 상황 시 필요한 시간에 적절히 사용하지 못할 수 있기에 걷는 데 무리가 없는 학생들은 양보한다. 그래서 일부 학생과 선생님들만이 그 카드키를 가지고 있다. 보건도 그 일부 선생님 중의 한 사람이다. 보건은 응급상황 시, 빠르게 교실로 이동하기 위해 키가 필요하다. 응급상황을 제외하고는 나는 엘리베이터 대신 걷는 것을 선택한다. 사실, 엘리베이터 사용의 유혹을 느낄 때가 많다. 하지만, 당장은 귀찮고 싫지만, 보건교사는 건강해야 하기에 불편감을 건강을 지키는 기회로 여기고 계단으로 간다. 평상시 운동하는 사람은 운동을 위해 현관문을 나서기가 가장 어렵다고 했는데 엘리베이터 유혹을 뿌리치기 어렵지만, 그것을 극복하고 계단 앞에 서면 자연스럽게 오르게 된다. 짧은 순간, 역시 잘했다고 스스로 칭찬해준다. 걷는 만큼 나는 조금 더 건강해져 있을 것이다.

다섯째, 긍정적인 마인드로 일하기

마음이 편한 것이 건강에는 제일이다. 만병의 근원은 심리적인 요인이라고 하지 않았던가? 스트레스받고 이상 반응을 한 번이라도 경험했다면 이 말을 100% 실감할 것이다. 인생 첫 책을 쓰던 2017년 이전, 직장 일과 가정일이 복합적으로 나에게 중압감을 안겨주었고 스트레스를 받았다. 무엇을 해도 집중할 수가 없었다. 결국 나는 심리적인 부담감으로 휴직까지 했다. 휴직후 안정을 찾고 난뒤 직장에서 긍정적이고 여유롭게 일했다면 많이 힘들지 않았을 건데 하는 생각했다. 마음 상태는 자신의 생각에 달렸다. 어떻게 생각하느냐에 따라 달라진다. 생각은 스스로 통제할 수 있다. 비록, 학교에서 그 누구도 보건업무를 이해하지 못해 때론 외롭더라도 보건교사로 인해 학교는 교육과 배움이 자연스럽게 이루어진다고 생각해보자. '무엇을 좀 더 도울 수 있을까?'라고 생각의 방향도 바꾸어 보는 거다. 나만 힘든 것 같지만, 사실은 그렇지 않다. 어떤 상황이라도 내가 조금 손해 본다는 생각으로 베풀면서 일한다면 건강하게 잘 살 수 있을 것이다.

보건교사는 자신의 건강부터 지켜야 한다. 남의 건강을 지키는 사람이 자신의 건강을 해치면서까지 무리해서는 안 된다. 응급상황에서의 기본은 자신의 안전이 가장 우선이라 했다. 보건 업무도 마찬가지이다. 특히 코로나 상황에서 업무가 많아졌다. 기존업무에 코로나 업무가 추가되었다. 자칫 번 이웃할 수 있고 건강에 적신호가 켜질 수도 있다. 더 잘 대응하고 더 잘 지키기 위해서 보건교사는 자신의 건강부터 챙겨야 한다. 건강원칙도 세워야 한다. 보건실에서 간단히 할 수 있는 건강원칙을 만들어 실천하기를 권한다. 아주 간단한 원칙이라도 꾸준히 하면 건강해진다. 영양제 챙겨 먹기, 물 많이 마시기, 점심 식사 후 보건실 안에서 100바퀴 돌기, 엘리베이터 대신 걸어서 계단 오르내리기, 등 다양한 원칙을 정해보자. 건강은 평상시 챙기지 않으면 어느 날 갑자기 우르르 부서질 가능성도 있기에 평상시 작은 원칙을 실천하는 것이 중요하다. 보건교사, 자신의 건강이 가장 우선임을 잊지 말자.

건강한 학교는 함께 만들어가는 것이다

"36.7도 정상입니다."

코로나19 방역관리를 위해 자동 발열 체크기를 구매했다. 기계는 발전하고 점점 업그레이드된다. 이 발열 체크기는 측정 후 체온을 알려주는 소리가 나온다. 신기하고 편하다. 더 좋은 것은 손소독제가 함께 분사된다는 것이다. 손바닥을 기계에 갖다 대면 체온 측정치가 음성으로 나오면서 손소독제도 동시에 분사되어 학생들 방역관리에 매우 유용하다. 일반 식당에서 자동 센스 열 체크기를 많이 봤지만, 이렇게 소독제까지 함께 나오는 것은 처음이다. 가격도 그렇게 비싸지 않아서 코로나 종식될 때까지 사용하기에는 안성맞춤 물건이라 판단한다. 이번에 구매한 것은 3개. 체육관 앞, 급식실 앞, 보건실 앞에 비치할 예정이다. 보건실 앞은 문을 닫을 수 있어서 전선 대신에 건전지로 사용하기로 했고, 식당과 체육

관 앞은 플러그를 꽂을 수 있는 장소를 확인하고 난 뒤 사용할 계획이다. 급식실은 다행히 콘센트 꽂는 부분을 찾아 바로 비치했다. 문제는 체육관 앞. 아무리 찾아봐도 플러그를 꽂을 곳이 보이지 않았다. 급기야, 시설 담당하시는 주무관의 협조를 요청했다. 주무관이 와서 확인한 결과, 얼마 전 건축된 강당의 콘센트는 천장 쪽에 붙어 있었다. 콘센트 꽂는 부분이 천장에 있을 수 있다는 것을 처음으로 알게 되었다. 또 다른 문제는 천정이라 콘센트 꽂기가 불편했다. 주무관은 이런 상황을 보고 전동드라이버와 필요한 자재를 가지고 다시 와서 바닥에서 플러그를 꽂을 수 있도록 만들었다. 역시 전문가는 따로 있었다. 발열 체크기 하나 비치하는데도 전문가인 주무관의 협조가 필요했다. 학교 일은 혼자서 하는 것이 아니다. 함께 만들어 간다.

부서 구분이 명확하지 않은 업무들이 있다. 공문이 교육청에서 내려왔을 때 어느 부서로 분류하여 배분해야 할지 모호한 경우이다. 요즘은 주로 웬만한 공문은 실무사가 각 부서로 배분하고 있다. 실무사는 가끔 모호한 공문일 경우 관리자와 협의해서 분류한다. 다른 부서와 일이 겹치는 보건일 중 미세먼지 관리에 대한 업무가 있다. 시대가 바뀌면서 건강에 대한 대중의 민감도는 높아졌다. 크기가 작은 초미세먼지가 폐에 축적되면 잘 배출되지 않으며 건강에 해를 입힌다고 공식적인 발표가 있었다. 학교에서도 미세먼지에 대한 업무가 추가되었다. 학교 단위에서 미세먼지 대응에 대한 계획을 세우고 야외활동이나 교과수업에 활용하도록 한다. 이 업무의 경우 여러 부서가 합심으로 담당하고 있다. 미세먼지가 건강에 해를 입힐 수 있는 만큼 보건교사가 미세먼지에 관련된 안내나 교육을 담당하고 미세먼지 포함하여 깨끗한 공기를 위해 행정실에서 공기정화장치 및 기타 시설에 대해 담당한다. 학교마다 미세먼지에 대한 업무분장은 다를 수 있지만, 일반적으로 그렇게 수행되고 있다. 어떤 학교에서는 야외수업을 많이 하는 체육 선생님이 미세먼지 상황을 전파하기도 한다.

미세먼지는 여러 부서가 함께 대응해야 할 업무이다. 코로나19 대응 일과 같은 성향을 가진다. 보건이 건강교육이나 건강과 관련된 직접적인 부분을 맡는다면 행정실에서는 기계 관리나 환경 조성 측면에서 관련된 일을 주로 맡고, 그 외 부서에서는 학생들과 직접적으로 대면하는 기회가 많은 관계로 전달받은 내용이나 자체 찾은 자료를 바탕으로 학생들을 직접 교육하는 일을 맡는 것이다. 미세먼지만 봤을 때, 이 외에도 인터넷 중독 공문은 정보부 주관으로 교육을 시행하고 있다. 인터넷이지만 중독이기에 전문상담교사가 있다면 역시 함께 협조할 필요가 있고 보건도 역시 건강과 관련되기 때문에 함께 할 사항이 있다면 협조를 해서 진행한다. 학교마다 상황도 다르고 일하는 사람도 달라서 그때그때 조화롭게 합동으로 업무를 실시하면 된다. 이렇게, 다른 부서와 함께 합심해서 실천해야 할 업무들이 보건에는 많다. 왜냐하면 보건 업무 자체가 학교 전체를 대상으로 하는 일이며 그 주 핵심 업무가 '건강한 학교'를 궁극적인 목표로 하기 때문이다. 건강과 관련되지 않은 학교 일이 거의 없다고 볼 수 있다.

함께 해야 할 일이 많아서 서로 간에 얼굴 붉힐 일도 종종 있다. 학교 일은 단독으로 이루어지는 일이 거의 없다는 인지가 약해서 발생하는 문제이다. 그렇다고 구분이 전혀 없는 것은 아니기 때문에 고유의 영역이 있다는 점도 참고해야 한다. 새로운 학교에 전출 갔을 때였다. 상담부에서 주로 시행하는 정서검사라는 업무가 있다. 상담에서 검사 계획도 세우고 검사도 진행하면서 정서검사 통계를 보건교사가 하고 있었다. 보통, 통계는 업무의 마지막 단계에 하는 일로써 주로 주최부서에서 실시하고 교육청에 보고도 한다. 보건교사가 하는 건강검사도 마찬가지이다. 건강검사 자체는 전교생을 대상으로 해서 여러 선생님의 협조로 시행되고 마지막의 통계 부분은 보건교사가 보고한다. 이 학교에서는 그 전 보건 선생님이 업무조정을 제안하지 못하고 정서검사 통계영역을 맡고 있었던 것 같다. 정서검사 통계를 하는 그 선생님은 용기를 내서 건의했었으면 좋았겠다는 마음이 들었다. 코로나 대응만 해도 일이 많았을 텐데, 정서검사까지 하느라 얼마나 몸 고생, 마음고생을 했을까? 하는 생각을 해봤다. 일이 많은데도 불구하고 다른 부서의 일을 해야 한다는 좌절감과 외로움이 본인을 괴롭혔을 수도 있겠다는 마음이다. 시대가 바뀌어서 이제는 언제든 제안을 할 수 있고 합리적인 방향을 함께 찾아가는 분위기란 점을 기억하고 마음을 열고 필요할 때 의견을 제시하며 학교를 위해, 아이들을 위해 일하면 좋을 것이다.

함께 일하고 함께 만들어 가는 학교의 일, 그 일을 할 때 특별한 마음가짐이 필요하겠다. 특별히, 기억했으면 하는 점이 있는데, 그것은 다음과 같다.

첫째, 사적이익보다는 공적이익을 우선으로 하자.

내가 속한 조직은 그 조직의 존재 이유가 있다. 그 이유에 부합되도록 나는 행동해야겠다. 그래서 개인적인 이익보다는 조직의 공적이익을 우선으로 한다는 마음가짐이 가장 기본이다. 그런 마음가짐을 가지면 일할 때 마음도 편하다. 마음이 편하니까 일도 술술 풀려간다. 학교에서만큼은 사적인 욕심을 잠시 잊어버리는 것이 좋다.

둘째, 함께 일하되, 고유의 영역은 인정하고 존중해주자

고유의 영역에 대한 인지를 가져야겠다. 학교에서 나의 위치, 나의 역할, 내가 해야 할 일에 대한 인지가 분명해야 한다. 다른 부서, 다른 사람들에 대한 그들의 공유에 대한 영역에 대한 인지도 가져야겠다. 이런 경계가 분명해져야 조화롭게 함께 일하며 기분이 좋고 행복하게 일할 수 있다.

넷째, 자신의 고유 업무라면 스스로 하겠다고 먼저 말하자

일의 구분이 명확하지 못해 내 일도 다른 부서에서 하기도 하고 다른 부서의 일을 내가 하는 때도 있다. 하나씩 조정을 위한 노력을 하면 된다. 한꺼번에 하지 말고 하나씩, 천천히, 꾸준히 제안하면 공감대를 형성하고 누가 보아도 합리적인 방향으로 일을 정리할 수 있다.

다섯째, 내가 조금 더 한다는 생각으로 일하자

내가 조금 더 한다는 생각이 만사형통을 만든다. 조금 더 일하는 것을

못 참는 때가 있다. 내가 더 일하면 자존심이 상하는 것으로 여긴다. 하지만 절대 그렇게 생각할 필요는 없다. 내가 한 만큼, 나에게 돌아온다. 경력이 쌓여 여유롭고 일이 빠른 사람이라면 그렇지 못한 사람을 위해 조금 더 베푼다고 생각하고 도와주자. 결국, 나에게 좋고 다른 사람에게도 좋고 학교 전체가 사고 없이 건강하게 될 것이다.

건강한 학교는 보건교사 혼자서 만드는 것이 아니다. 함께 만들어가는 것이다. 전기 꽂는 콘센트 하나 설치하는데도 학교의 전문가는 따로 있다. 보건교사에게 고민거리였지만, 그 전문가에게는 특별히 문제가 되지 않는 아주 쉬운 평범한 일 중의 하나였다. 각자 전문적으로 하는 고유의 일의 영역이 있기 때문일 것이다. 다른 부서의 고유한 일에 대한 인지를 바탕으로 서로 간에 존중하며 협조를 구한다면 학교는 조화롭게 잘 굴러가게 된다. 하지만, 구분이 모호한 일들도 사실 많다. 그럴 때, 여러 부서에서 그 역할을 조금씩 나누면 된다. 미세먼지의 방대한 일의 부분에서는 행정실, 보건교사, 체육 교사, 교무부장이 함께 맡고, 인터넷 중독 관련 업무라면 정보부, 상담부, 기타 부서가 함께 하면 된다. 필요에 따라 보건교사가 할 수도 있다. 지금 코로나 시국에서 전 부서, 전 교직원의 협업이 더욱 필요하다. 일의 주제는 하나이더라도 세부적으로 수행해야 할 항목은 여러 개이기 때문이다. 건강과 관련 있는 보건 일은 더욱 그렇다. 이런 보건의 특성을 염두에 두고 건강하고 더 안전한 학교를 만들기 위해 때론, 나누어 일하자고 당당히 요구할 수도 있어야 한다. 그런 요구는 이제 학교를 위해서, 아이들을 위해서, 교직원 우리 자신을 위해서 필요하다는 점, 마음에 간직하고 함께 일하는 학교 문화를 만들어가야겠다.

보건교사에게 글쓰기 능력이 필요하다

안녕하세요? 선생님

코로나19 다음 상황을 공유합니다.

1. 백신 접종 완료한 관내 고3 학생 중에서 돌파 감염 확진자가 발생하였습니다.

2. 모 고등학교 자가격리 통보받은 학생이 외출 후 친구들을 만나서 그 친구 2명이 확진되어 고발 조치 될 위기에 처해있다고 합니다.

위 내용 참고하여 주시고 아래의 방역수칙 강조 드립니다.

1. 자가 진단 체크 후 등교, 출근

2. 방역 마스크 철저히 착용

3. 마스크 벗고는 대화 자제

4. 개인 간 거리 유지

5. 자가격리 통보 후 보건소의 지침 철저히 준수

6. 유사 증상 발생 시 가볍더라도 출근 중지 후 검사 실시

*연휴 기간 확진, 격리 통보 시 학교에 연락해주세요.

*연휴 후 출근 시 경미한 유사 증상 있을 시 출근 중단 후 검사 시행합니다.

*담임선생님께서는 학생 지도 부탁드립니다.

*첨부파일 참고해주시고 비밀유지해주세요

행복하고 안전한

추석 연휴 되세요. 감사합니다.

위의 내용은 추석 연휴를 앞두고 교내 교직원들에게 보낸 방역수칙 강조 메시지이다. 코로나19 팬데믹이 장기화 되어 가고 있고 여전히 확진자는 감소할 기미를 보이지 않는다. 백신을 통해서 치사율이 줄어들었다고 하여 다행이지만 전염에 있어서는 멈춤 없이 진행되고 있다. 더군다나 변이바이러스와 돌파 감염이 계속 발생하고 있다. 관내 고3 학생 중에서도 돌파 감염 확진 사례가 발생했다. 뉴스에서 봤던 그 상황이 가까이에서 일어난 것이다. 이런 상황에 대해서 나는 교내 교직원들에게 알려야겠다고 생각했다. 보통, 중요한 사례나 상황에 대한 것들은 교육청에서 안내하라는 공문이 내려온다. 그 외의 상황은 보건교사가 판단해서 재량껏 예방 교육을 시행한다. 관내 학교의 코로나19 상황에 대한 인지는 교직원들도 파악하고 있어야 한다고 생각하기에 위의 메시지를 보냈

다. 또한, 추석 연휴를 앞두고 있어서 더욱 염려스러운 마음에 연휴 기간 중 방역수칙 내용도 함께 강조하여 안내했다.

코로나19 상황이라 비대면으로 이런 메시지를 자주 보낸다. 교직원 대상뿐만 아니라 학생 대상, 학부모 대상으로도 직접 메시지 전송을 한다. 이것이 바로 코로나19 방역 예방 교육인 것이다. 학교 내 유일한 의료인인 보건교사의 메시지 예방 교육은 아주 유용하다. 현 상황을 주시하고 있다가 관내 특별한 코로나19 상황이나 사례를 접하면 바로 글을 써서 공유하는 대응력이 필요하다. 사례공유 및 사례에 따른 강조사항 안내는 감염병 예방에 중요한 관리 방법이라 할 수 있겠다.

그동안 감염병 현황을 봤을 때, 앞으로도 감염병은 계속 출현할 것으로 보인다. 사스, 메르스, 코로나19, 다양한 감염병이 주기적으로 점점 짧은 간격으로 발생하고 있다. 이런 상황에서 보건 업무 중 감염병 관리에 대한 비중이 점점 커질 수밖에 없다. 감염병 관리라면 비대면을 전제로 해서 실시해야 한다. 비대면 교육수단으로 가장 일반적인 것이 글이라 할 수 있다. 글쓰기를 좀 더 편안하게 느낀다면 예방 교육을 목적으로 하는 메시지 전송에도 부담을 덜 느낄 것이다. 빠른 상황 안내와 예방법에 대한 메시지 전송은 감염병 예방과 관리에 탁월한 대처 관리 방안이다.

글쓰기에 대한 부담감을 줄이고 쓰는 능력을 키우기 위해 노력해보자. 일단 부담 없이 쓰기 위해서는 자주 써야 하는데, 그 방법으로 책 쓰기 도전을 권한다. 책 쓰기라고 하니, 거창하게 느낄지 모르겠다. 하지만 이런 목표가 명확히 있어야 평상시 짧은 글이라도 자주 쓰게 된다. 인스타에 간단한 사진과 3문장 쓰기를 해보자. 이렇게 1문단 쓰기 연습을 시도할 수 있다. 나는 3년 휴직하는 동안 여러 권의 책을 썼다. 인생 한번은 나의 책을 쓰고 싶다는 생각이 평상시 있었기에 아이를 키우는 육아휴직 기간을 기회로 책 쓰기를 시작했다. 글쓰기에 자신이 있어서 시작한 것은 결코 아니다. 쓰지 않고 산 삶, 나도 다른 사람과 비슷했다. 그런데도 도전한 것은 삶을 새롭게 바꾸고 싶다는 마음이 있었다. 책을 쓰는 동안 느끼는 것은 글 쓰는 재주는 타고나는 것보다 길러진다는 것이다. 우리가 특별히 어려움 없이 말을 통해서 자신의 마음을 표현하듯이 글도 그렇게 가능했다. 긴 글을 쓸 기회가 없어서 아직 발현이 안 되었을 뿐이지 쓰다 보면 내가 이런 글을 썼단 말이야 라며 감탄할 정도의 글을 쓸 수가 있다. 일단, 도전하는 것이 중요하다. 3년의 책 쓰는 시간을 보내고 난 뒤 나는 새로운 것을 알았다. 책 쓰기가 보건 일하는 데도 많은 도움이 된다는 것을. 특히, 비대면 시대에 책 쓰기는 직장인들에게 주변으로부터 인정받는 계기가 된다. 무엇보다 스스로 일하기를 편하게 느낀다.

책을 쓰고자 한다면 나는 필사부터 하기를 강조하고 싶다. 필사는 글을 그대로 베껴 쓰는 것이다. 쓸 때 손으로 쓰기보다는 자판으로 두드리기를 권한다. 자판으로 두드려도 필사의 긍정적인 효과는 나타난다. 필사를 손이 아닌 자판으로 해야 쉽게 할 수 있다. 쉽게 하면 매일 할 수 있고 매일 필사하면 글쓰기에 성장이 일어난다. 글쓰기에 자신감이 붙으면 필사하다가 남의 글이 아닌 자신의 글을 쓰고 싶어 제 생각을 쓴다.

책 쓰기를 목적으로 한 필사일 때 책의 선택이 중요하다. 자신이 좋아하는 유명한 작가의 책보다는 작가의 인생 첫 책처럼 쉬운 책으로 필사해야 한다. 필사의 목적이 책 쓰기이기 때문이다. 그렇게 필사를 통해서 글 쓰는 습관을 들이고, A4 2장, 즉 1꼭지 글쓰기에 대한 감을 잡도록 한다. 문학서가 아닌 자기계발서를 주로 써서 여러 꼭지 글을 모아 1권을 만든다. 그래서 나는 《A4 2장 쓰면 책 1권 쓴다》을 출간했다. 그 제목처럼 딱 A4 2장만 쓸 줄 알면 책 1권을 쓸 수 있다. A4 2장 쓰는 연습을 꾸준히 한다면 매일 쓰는 습관을 기르면서 쓰는 것도 만만하게 생각할 것이다. 이것이 감염병 관리 예방 교육에 요긴한 보건교사의 능력이 되어 보건 업무에 많은 도움이 될 것이다. 만약 책을 쓰겠다는 보건교사가 있다면 나에게 연락해도 된다. 나는 다양한 방식으로 책 쓰기 노하우를 공유할 마음이 있다.

보건교사에서 글쓰기 능력이 도움이 된다. 보건 업무 특성상 예방 교육의 비중이 크다. 예방 교육이라면 직접 강의하는 방법도 있겠지만 강의 외의 방식도 많이 한다. 아마도 강의외의 방식이 더 많을 것으로 생각한다. 감염병 관리를 위한 예방 교육은 수시로 변화하는 건강 상황에 맞게 시기적절하게 진행해야 한다. 비대면 교육으로 가장 쉽게 할 수 있는 일반적인 방법이 글이다. 요즘은 글로 모든 소통이 이루어진다. 이제는 글에 익숙해져야 할 시대이다. 보건교사도 예외는 아니다. 보건 업무에서 많은 부분을 차지하는 예방 교육의 최고 수단이 글이 되고 있다. 지금처럼 앞으로도 쭉 소통의 수단으로 글을 자유자재로 사용하는 능력을 더욱 요구할 것이라 예상한다. 보건 업무 역량을 향상하기 위한 글쓰기, 그것에 익숙하기 위해 보건교사도 책 쓰기에 도전하시길 추천한다.

보건 업무가 성장을 독려한다

나이가 들면서 건망증이 심해진다. 어쩔 수 없는 자연현상이지만 나이만 탓할 수는 없다. 그래서 나는 기록하기 시작했다. 오랜 휴직 후의 복직이라 업무에도 서툴며 뒤돌아서면 잊어버리는 일이 반복되어서 적었다. 환경에 익숙하지 않으면 더 잘 잊어버린다. 보건실도 생소하게 느껴졌고, 보건 관련 일은 더욱 막막했다. 더군다나 업무시스템이 발전되어 이것도 적응이 필요했다. 결국 나는 기록이란 방법을 생각해 냈다. 궁하면 통한다는 말이 공감된다.

보건실에서 아주 사소한 것까지 기록을 했다. 오늘 할 일은 첫째, 약품 정리하기 둘째, 교직원 성교육 연수 정보 얻기 셋째, 주말 방역 문자메시지 보내기 넷째, 청소하기 다섯째, 공문 읽기, 기타 등 아침에는 그날 해야 할 일부터 모두 적었다. 그리고 항목 옆에 반드시 체크박스나 괄호를 만들었다. 실행하고 나서는 체크한다고 스스로 원칙을 정했다. 아침에 적는 것이 최소 5개 정도는 되었다. 꼭 해야 할 일부터 시급하지 않은 일까지 기록을 해두니, 잊어버리지 않고 너무나 좋았다. 순간, 과거에는 어떻게 일을 했을까? 과거에는 할 일이나 기억해야 할 부분을 기록하지는 않았다. 오히려 건망증이 심해진 지금이 놓치는 일의 비율을 줄였다. 힘든 여건이 오히려 결과적으로 발전과 성장의 계기가 된 것이다.

시련이 전화위복이 되어 성장이 된 경우가 나에게는 또 있다. 남편은 경상도 출신으로 무뚝뚝한 편이다. 하고 싶은 말을 수시로 하는 성향이 아니었다. 꼭 필요한 말만 한다. 우스갯소리로 경상도 남자들이 아내한테 하는 말이 딱 3마디라고 했다. "아이는?", "밥 먹자", "자자", 정말 재미없는 노릇이다. 남편은 이 정도는 아니지만 어찌하였든 말을 많이 하지 않아 답답함을 느꼈다. 그래서 시작한 것이 책 쓰기이다. 물론, 책 쓰기를 한 다른 이유도 있었지만, 남편이 내가 책을 쓰도록 하는 데 큰 역할을 했다. 책 쓰기는 곧 글을 쓰는 것이다. 잘 쓰든 못 쓰든 제 생각과 제 마음을 써 내려갈 수 있어서 좋았다. 과거에 있었던 일을 사례로 사용함으로써 과거 해결하지 못한 묵은 감정을 다시 돌이켜 생각하고 해결하는 시간을 가졌다. 과거 부정적인 감정들을 현재 관점으로 재해석하고 해결하는 것이다. 이렇게 스스로 치료와 회복을 할 수 있었다. 글을 쓰는 동안 나는 항상 나 자신과 대화를 한다. 자신과의 대화는 평상시에는 잘 하지 않던 일이다. 내면을 들여다보는 이 일이 글쓰기, 책 쓰기를 통해서 가능해졌다. 책을 씀으로써 남편과는 대화하지 못하지만 나 자신과는 매일 대화

할 수 있게 된 것이다. 책 쓰는 삶을 사는 지금, 한편으로 남편에게 고맙게 생각해야 할 부분이다.

보건교사의 일이 사실 녹녹하지 않다. 사회 전반적으로 건강에 대한 요구도가 점점 높아지고 있기 때문이다. 건강 민감도가 높아질수록 새로운 보건 업무는 계속 늘어간다. 그에 반해 기존에 하던 일들은 그대로 유지된다. 과거의 업무는 시대의 요구에 맞게 조정이 필요하다고 생각한다. 현재 코로나 상황이기에 보건교사의 일은 더 많아졌다. 기존업무에 코로나 업무까지 겹쳐있어 보건교사는 하루하루 버텨낸다는 표현이 딱 맞는 실정이다. 학교마다 조직문화는 다르기에 학교마다 업무 부담감이 다소 차이가 있지만, 학교, 지역을 구분 없이 보건교사는 코로나 대응에 대한 중압감을 느끼고 있다. 코로나19가 종료된 이후에도 감염병으로 인한 팬데믹 상황들은 계속 발생할 수 있을 것이며, 보건교사에서 시스템적인 역할조정, 업무조정과 함께 보조 인력지원이 필요하다고 보인다.

보건교사로서 일하다 보면 업무의 특성과 관련해서 자동 계발되는 역량이 있다. 다양한 능력 계발 중의 몇 가지를 소개하면 다음과 같다.

첫째, 지도력을 기른다.
보건교사는 한 학교에 주로 1명이다. 아주 큰 단위의 학교, 아주 작은 단위의 학교를 제외하고 1명의 보건교사가 존재한다. 올해, 일정 수준 이상의 학교에서는 보건교사 2명을 배치한다는 학교보건법이 개정되었다.

시행령을 통해서 보건교사 2명을 배치해야 하는 학생 수의 기준을 정할 것이다. 과대 학급 외에는 일반적으로 1명이 학교 건강관리 역할을 하게 된다. 1명이다 보니, 학교보건 영역에 있어서는 리더로서 해야 할 역할을 해야 한다. 건강관리의 중요한 부분은 보건교사가 단호하게 결정해서 추진해야 한다. 보건의 리더로서 지도력을 갖추고 보건교사는 더 성장하게 된다.

둘째, 책임감 있게 일을 해나가는 인내력을 키운다.

학교에서 건강관리의 담당자는 보건교사이다. 모든 일과 상황들이 건강과 관련 있지만 그래도 가장 깊이 관여하면서 영향력을 끼칠 수 있는 사람은 보건교사가 된다. 이런 역할을 제대로 인지하면서 꾸준히 밀고 나가는 인내심도 키우게 된다. 여러 고비가 있겠지만 강한 책임감을 발휘해야 하는 만큼 참아내고 이겨내는 기질도 함께 길러진다.

셋째, 적당한 거리를 유지하는 대인관계능력을 키운다.

보건교사는 특정 교직원과 친해지는 것을 자제하는 것이 좋다. 고르게 모든 교직원과 잘 지내야 한다. 일부 교직원과 친해지면 친하지 않다고 생각하는 사람일 때 보건실을 편하게 찾기 어렵다. 학교 내 모든 교직원이 부담 없이 찾을 수 있는 보건실이 되도록 보건교사가 이런 부분을 고려함이 좋을 것이다. 직장에서의 만남은 직장 일이 가장 우선이 되어야 한다. 직장 일이 뒤로 밀리고 친목 도모가 우선이 된다면 일의 성취율이 떨어질 수도 있다. 그래서 업무의 시간이 쌓일수록 너무 친하지도 않고 너무 멀어지지도 않는 거리가 대인관계에서 가장 좋음을 깨닫고 적당한 대인관계를 유지하려 노력한다.

넷째, 강의에 관심을 가지고 강의 능력을 계발한다.

근무 환경이 학교이다 보니, 보건교사도 자연스럽게 강의에 관심을 가진다. 초등학교 보건 선생님들은 정규 교과과정 중에 수업을 대부분 하고 있고 중고등학교에서는 대입 중심교육으로 인해 일부 보건 선생님만이 정규과정의 수업을 하고 있다. 하지만, 언제든지 강의의 기회는 열려 있다. 강의해보면 강의에 관한 관심이 증가하면서 좀 더 많은 공부를 할 기회를 얻게 된다. 가르치는 것은 가장 잘 배우는 방법이란 말이 있듯이, 강의를 통해서 보건교사는 긍정적인 성장을 경험할 수 있다.

다섯째, 신중하게 말하는 습관을 형성한다.

보건교사가 일하는 공간은 혼자의 공간이다. 그래서 교직원들을 가끔 보게 된다. 누군가가 보건실을 찾아와야지 그 선생님과 말을 하게 되는 경우가 많다. 특히, 바쁜 코로나 상황에서는 더욱 그렇다. 그런 상황이기에 말하는 것에 신중해진다. 어쩌다 보는 선생님들에게 실수해서 교직원이나 학생의 기분을 상하게 한다거나 상처를 주면 이것을 만회할 기회가 많지 않다. 특별히 찾아가서 실수에 대해 죄송함을 전하지 않는 한 그냥 그 이미지로 남을 가능성이 크다. 보통 교무실에서 함께 일하는 교직원에 비해 보건실은 이런 특수 환경이 있으므로 보건교사는 말하는 것을 신중하게 한다.

보건 업무를 하면서 보건교사는 성장한다. 성장의 대표적인 것이 지도력, 책임감, 인내심, 강의력, 직장인으로서 중립적 태도, 신중한 말 습관이다. 학교에 혼자라서 보건을 책임져야 하는 부담감도 있지만, 그만큼 보건교사는 긍정적으로 변화한다. 시련은 축복이라고 했다. 그 말이 보건교사에게 적용된다. 일반적으로 교직원들은 말한다. 보건교사가 가장 부럽다고. 중고등학교 교사는 보건교사가 수업을 많이 안 해서 좋아 보인다고 하고 직원들은 보건실을 혼자 사용해서 부럽다고 한다. 하지만 그 모습이 다가 아니다. 사실, 평상시에는 보건 업무에 대해 고민하고 연구하면서 일하며 갑자기 위급한 상황이 닥쳤을 때는 전투적으로 일 처리하고 있다. 그것을 안다면 놀랄 것이다. 우아하게 수영하는 백조는 물아래에서 수도 없는 발 저음을 하고 있다는 사실을 누구나 알고 있다. 보건교사가 딱 그 백조 같다고 솔직하게 말하고 싶다. 하지만 그래서 더욱 성장의 기회를 가지게 된다. 긍정적인 마음으로 이겨내고 힘든 상황도 잘 극복한다면 보건교사는 어느 교직원보다 많은 성장과 능력 계발을 할 수 있다고 나는 장담한다.

보건교사라는 자체로 뿌듯하다

보건교사는 빠른 판단을 내려야 할 때가 자주 있다. 학교 내 다양한 건강 문제 상황에서 간호 전문지식과 경험을 바탕으로 빠른 결정을 내려야 한다. 보건교사란 자리가 그런 위치이다. 평상시에는 정말 평안해 보이다가도 느닷없이 초응급상황이 닥쳐온다. 이럴 때 가장 긴장하고 가슴 떨리는 사람은 바로 보건교사 자신이다. 사람이기에 당황하는 것은 당연하다. 지푸라기라도 잡고 싶은 심정으로 간절함이 생긴다. 하지만 학교에 1명뿐인 유일한 의료인인 보건교사는 침착하고 빠르게 상황판단, 문제해결점을 찾아 하나씩 대처해 나가기 위해 노력해야 한다. 정말 다행스럽게도 위급상황을 잘 대응하고 마무리까지 하고 난 후 다시 일상으로 돌아올 때 보건교사는 한없는 뿌듯함을 느낀다.

얼마 전에 여학생 한 명이 보건실을 조용히 찾았다. 학생 얼굴을 살펴보니, 특별히 이상한 부분은 감지되지 않았다. 하지만 학생이 말하는 내용은 나를 초 긴장하게 했다.

"선생님, 급식 먹고 목 안이 붓는 느낌이 들고 숨쉬기 불편해요."

앗, 이게 무슨 소리인가? 말만 들으면 급박한 상황, 그것과 비교해 아이의 얼굴에 청색증이 도는 것은 아니었다. 청색증은 몸 안에 산소가 부족할 때 나타나는 증상이다. 청색증이 없어 그나마 다행이라 생각했지만, 상황이 나빠질 수도 있기에, 어떻게 해야 할까? 순간 당황스러웠다. 학생은 급식 먹고 난 후 5교시부터 목 안이 붓고 숨쉬기 힘들었다고 했는데, 1시간 수업을 다 마치고 보건실을 찾았다. 그것은 그만큼 견딜 만했다는 이야기이다. 학생은 그전에도 그런 일이 있었다고 한다. 알레르기 증상이다. 어릴 때는 그런 증상이 없었는데, 딱 한 번 그런 일이 있어 병원응급실을 찾았다고 한다. 병원에서 처치를 받고 괜찮아졌는데, 의사선생님은 알레르기 원인을 찾아야 하니, 정밀검사를 받아보라고 했다고 한다. 하지만, 그 뒤 여의치 못해 검사를 받지 못했고 괜찮겠지, 하는 마음으로 그냥 지나쳤다고 한다.

학생의 이야기를 듣자 하니, 초응급은 아니지만 그래도 바로 병원으로 후송해야 할 것으로 판단했다. 갑자기 가슴이 뛰면서 쿵쾅거리기 시작했다. 위험을 알리는 신체 반응이 나의 몸에 일어났다. 급히 담임선생님에게 연락했지만, 연락이 닿지 않는다. 아마도 수업 중인 듯하다. 학년 부장에게 연락했다. 역시 전화를 안 받는다. 요즘은 각 교무실에 선생님 1명당 1대씩의 전화기가 있어 몇 번 신호가 가도 안 받으면 자리에 없다는 의미이다. 앞이 또 깜깜해진다. 할 수 없이 급히 내가 소속된 생활 인권안전부에 전화했다. 인권안전부장에게 이야기해서 후송을 내가 가든지 부장이 가든지 해야 할 것 같다고 직감적인 느낌이 왔다. 생활 인권안전부장 대신 다른 선생님이 전화를 받고 급히 내려왔다. 정말 그나마 다행이었다. 더 다행스러운 것은 그 선생님은 본인이 선뜻 학생이 다니는 가까운 병원으로 자신의 차로 후송하겠다고 했다. 정말 눈물이 날 정도로 감사했다. 학생을 보내고 어머니에게 다시 전화해서 그 병원으로 바로 가라고 이야기했다. 처음 학생이 내려왔을 때, 보건실에 있는 알레르기 약을 먹였는데, 그 약이 효과가 있는지 병원 가는 순간에는 증상이 조금 나아졌다고 학생은 말했다. 천만다행이다.

응급상황을 일반교직원에게 다 설명할 수가 없다. 보건교사는 응급 여부를 가장 잘 알기 때문에 긴장한 가운데 빠르게 움직이려 한다. 하지만 상황이 여의치 않거나 다른 사람이 응급인지를 못 해 협조가 잘 안 될 경우, 응급대응에 차질이 생길 수 있다. 이럴 때 보건교사는 참 외롭고 힘들어진다. 가장 피해가 되는 것은 학생과 교직원 당사자가 되는 것이다. 그래도 지금의 알레르기 대응처럼 빠른 협조와 대처로 학생을 안전하게 병원까지 후송하고 특별한 부작용 없이 위기의 순간을 잘 넘길 수 있어서 마음 한편으로 누구에게도 표현할 수 없는 만족감을 느낄 수 있었다.

하루는 교감 선생님으로부터 연락이 왔다.

"선생님 확진자가 발생했어요. 선생님 한 분이 확진되었다고 연락이 왔어요."

순간 앞이 깜깜했다. 연휴 첫날 토요일, 생각지도 않은 연락을 받은 것이다. 한동안 우리 학교는 코로나 확진자는 물론, 검사자도 없었다. 그러다가 갑자기 확진자가 발생했다. 코로나의 변이로 전염력은 점점 강해진다는 것을 인지하게 되었다. 확진 받은 선생님은 백신 접종도 2차까지 완료한 선생님이다. 이 순간의 상황에서 정리해보았다. 가장 먼저 해야 할 일을 기록했다.

첫째. 교육청 구두보고
둘째, 밀접접촉자 파악
셋째, 학교 내 역학조사를 위한 학생, 교직원 인적 사항 자료
넷째, 기타 필요한 자료
다섯째, 확진자 관련 사항 조사

교육청 유선으로 구두보고를 하고 보건소로부터 연락 오기를 기다렸다. 교감 선생님께 연락받은 것은 토요일 16시경이었는데 시간이 지나도 보건소로부터 연락이 없었다. 이것을 어떻게 해석해야 할까 생각해보았다. 보통 확진자가 발생하면 보건소에서 그 학교 보건교사에 가장 먼저 연락하는데, 이번 경우에는 달랐다. 그 의미를 추측하건대, 첫째는 확진자가 백신접종 완료 자라 전염력이 그래도 강하지는 않다. 둘째는 확진

교사가 순회 교사라 교내 접촉한 학생과 교사가 많지 않다. 셋째, 학교 내 선별검사가 필요치 않다. 기타 등, 어찌하였든 코로나 관련 학교 내 비상 상황은 아니라는 의미일 것이다. 보건소는 코로나 변이로 너무나 바쁜 상황이다. 하루 검사 인원도 많고 확진자에 따른 조치도 많을 것이다. 그래서 혹시나 우리 학교 상황을 놓칠 수 있다는 점도 고려해야 했다.

그래서 만약, 보건소에서 일을 놓쳤다면, 보건교사가 그 역할을 대신해야 할 때이다. 그래서 일단은 확진 선생님이 속한 특수반의 다른 선생님으로부터 밀접접촉자를 파악하도록 권했고 검사 인원 명단을 받았다. 양식은 임의로 간단하게 작성해서 보내주었는데, 양식지의 내용은 번호, 이름, 직위, 검사날짜, 검사 결과를 적을 수 있게 했다. 그 양식에 맞추어 검사 결과만 빼고 검사 인원에 대한 자료를 취합하였다. 그리고 다음 날 결과와 자가격리 여부를 확인하면 된다. 검사 결과는 대부분 음성이었다. 연락이 안 되었던 2명의 학생도 음성으로 나왔다. 문제는 자가격리 여부이다. 보통 확진자가 나온 반 학생은 자가격리로 분류가 된다. 그런데 이번에는 보건소에서 반 학생들에게 자가격리 통보를 하지 않은 것이다. 보통은 자가격리자라면 음성 결과 나올 때 자가격리 통보를 동시에 한다. 그 점을 생각한다면 자가격리를 안 해도 된다는 것인데, 확진자가 백신 접종 완료 자이긴 하지만 또 통상적인 내용과 또 달라서 확인이 필요하다고 판단했다.

보건소는 바빠서 연락하기가 쉽지 않았다. 특히, 주말이다 보니 더욱 연락이 안 된다. 스스로 판단해서 아이들에게 전달해야 할 상항이다. 일단은 보건소의 관례대로 음성 시 자가격리 통보를 하지 않았기에 자가격리가 아닌 의미로 받아들이기로 했다. 하지만 바쁜 보건소 상황을 고려해서 혹시나 모르니 외출을 자제하고 사람과 접촉을 하지 않도록 특수반 학생들에게 전달하라고 협조를 구했다. 특수반 선생님들도 마찬가지이다. 교감 선생님에게 이런 상황에 대해서 보고했고 교감 선생님은 부장 단톡방에서 상황공유를 했다. 사공이 많으면 배가 산으로 갈 수도 있지만, 사공이 많으면 참신한 아이디어도 얻을 수 있어서 일단은 공유하는 것이 좋을 수 있다는 생각이다. 부장 선생님은 또한 학교의 책임 있는 자리이기에 학교 상황에 대해 당연히 알고 있어야 한다고 판단하여 교감 선생님에게 상황공유를 건의드렸다.

또 하나 소독 부분이다. 확진자가 발생한 학교는 보건소에서 보통 소독해주었다. 이번에도 똑같이 소독을 보건소에서 할 수 있는지 그 여부를 확인해야 했다. 전화하니 보건소 당직실로 연락되어 당직하신 분과 통화를 했고 소독담당자가 학교로 연락해주기로 했다. 하지만 통화 중에 연휴 기간이고 보건소가 바쁜 상황을 생각할 때 학교, 자체로 소독을 시행해야 한다는 점을 고려하고 있는 것이 좋을 것이라고 답변을 주었다. 그 말이 맞는 부분도 있다고 판단하여 소독에 관해서 관리자와 상의를 해서 소독계획을 세웠다.

시시각각으로 급박하게 펼쳐지는 상황이 끝나고 나면 뿌듯함이 마음 깊은 곳으로부터 샘솟는다. 보건교사의 일이 항상 전쟁터 같진 않다. 하지만, 분명, 초응급상황은 언제든 발생할 수 있다. 병원 경험을 대부분 가지고 있는 보건교사는 언제나 그런 상황 발생을 염두하고 긴장감 속에서 보건 업무를 한다. 사람의 목숨이 파리 목숨이라는 말이 있듯이, 당사자조차도 생각하지 못한 사이에 유명을 달리할 수 있다는 것을 잘 알기 때문에 항상 응급대비를 위한 마음 상태를 유지한다. 개인의 응급상황 외에도 학교 내 감염병 확산 예방을 항상 염두에 두고 학교 내 건강관리를 한다. 평상시 기본업무부터 긴급한 상황 업무까지 모든 것을 완수하고 났을 때 스스로에 대한 자존감은 상승한다. 그 만족감은 누구에게도 표현할 수 없을 정도로 마음에 가득하다. 시간이 지날수록, 보건교사라는 것에 감사함을 느낀다. 코로나19 상황으로 확진자가 없기를 매일 바라는 기원으로 출근하지만, 그 깊은 이면에는 뿌듯함이 존재한다. 오늘도 파이팅을 외친다.

보건교사의 존재감은 지금도 상승하고 있다

진퇴양난의 상황이다. 금요일 담임교사 한 명이 확진되었는데 보건소에서 그 반 학생에 대한 자가격리 통보가 없었다. 교사는 다행스럽게 학교에 상주하는 교사는 아니었다. 다른 학교로 이동하면서 아이들을 가르치는 순회 교사이다. 보통 밀접접촉자 기준은 증상 이틀 전부터 조사하는데, 목요일부터 증상이 있으니 화요일부터 접촉한 본교 교사와 학생이 밀접접촉자로 조사 대상이다. 불행 중 다행으로 그동안 반 학생들 수업은 1시간 정도만 있었고 학교 밖에서 다른 교사와 학생을 만났다. 일반교사를 만나지도 않았고 학교급식을 먹지도 않았다고 하니 범위는 넓지 않았다. 이럴 때 확진 받은 반의 학생이나 교사가 등교나 출근을 안 하는 자가격리 2주 정도를 하면 상황이 종료된다. 하지만 이번에는 보건소에서 특수반 학생들에게 자가격리 통보를 하지 않았다고 한다. 확진 받은 교사가 백신 2차 접종 완료 자라서 바이러스 확산 염려가 적다고 가정해서 그런지 모른다고 생각했다. 하지만 자세한 것을 알기 위해 보건소에 연락을 해봐야 한다. 하지만 통화가 잘 안 되었다. 어떻게 해결해야 할지 난감했고 관리자와 소통을 했다.

관리자는 아이디어를 제시했다. 지금 월요일까지 연휴 기간이니, 특수반 학생과 교사들이 연휴 끝나고 한 번 더 검사를 받고 등교 및 출근하는 것은 어떻겠냐는 것이다. 검사를 하면 검사하는 당일은 등교중지가 원칙이기에 학교에 안 나오게 되고 또한 평일이기에 보건소 연락도 주말보다 원활하여 자세한 상황을 질문하고 난 뒤 행동할 수 있다는 것이다. 나는 현명한 대응이라고 생각했다. 역시 관리자라서 다르다고 느꼈다. 관리자는 학교의 급박한 상황에서 노하우와 경륜을 발휘한다. 위급한 상황에서 학교의 리더인 관리자의 존재감이 크다는 것을 다시 느꼈다.

존재감으로 따지면 어머님의 존재감이 최고이다. 머리가 백발 되고 연세 많으셔도 어머님의 기운으로 자식들은 하루하루 마음 든든하게 잘 살아간다.

하루는 퇴근하니 현관문 앞에 아이스박스로 된 택배 1박스가 배달되어 있다.

"경북 김천시 N 동"

주소가 친정어머님이 계시는 곳이다. '아니, 엄마는 또 반찬을 보내셨

네. 연세 많으신데 넘어지기라도 하면 어떡하시려고.' 순간 어머니 걱정
부터 되었다. 연세 87세에, 어머님은 골다공증이 심하시다. 나이 드시면
서 여성들은 대부분 골다공증을 많이 앓는다. 얼마 전에 인터넷 뉴스에
보니, 암보다 무서운 것이 골다공증이라는 기사가 있었다. 이유는 골절
때문이다. 특히, 연세 드신 분이 고관절이라도 골절되는 순간, 유명을 달
리할 수도 있다는 것이다. 항상 넘어지실까 봐 걱정인데, 그런 어머님이
또 말없이 반찬을 보내셨다. 가끔 친정집을 찾을 때, 나는 새벽에 일어나
원고작업을 했다. 어머님은 그런 나를 보고 "아니, 직장 다니면서 아이
들도 어린데, 그 책 쓰는 것은 그만하면 안 되겠니?"라면서 걱정스러운
얼굴로 말씀하셨다. 어머니는 또, "일하랴 책 쓰랴 무슨 밥 해먹을 시간이
라도 있겠냐?"라며 덧붙였다. 그래서 아마도 반찬을 해서 보내신 것 같
다. 갑자기 어머니에게 죄송스러운 마음이 들었다. 나이 많으셔도 자식
에 대한 사랑이 애틋하신 친정어머님. 어머님의 존재로 하루하루 따뜻하
고 행복하게 살아간다. 어머님은 꼭 옆에 있어야 한다.

어머님 존재와 감히 비교하진 못하겠지만 보건교사도 학교에서 꼭 있
어야 할 존재이다. 존재감이 있다. 학교에서 건강지킴이로서 그 자체로
역할이 막중하다. 시간이 지날수록 보건교사의 존재감은 커진다. 코로나
19 팬데믹 같은 위급한 상황에서 더욱 그렇다. 코로나19 시대가 지난 이
후에도 보건교사의 가치는 계속 상승할 것으로 추측하는데, 현직 보건교
사로서 그렇게 생각하고 느끼는 이유는 다음과 같다.
　첫째, 학교에서 유일하게 편히 휴식할 수 있는 곳이 보건실이다.

'학교에서 왜 침대에서 쉬어?, 그럴 거면 집에 가지.'라고 생각할 수도 있다. 사실 습관적으로 이용하려는 학생도 있다. 하지만 대부분, 단지 1시간의 침대 휴식만으로도 아이들은 하루를 버틸 에너지를 얻는다. 유난히 학교에서의 생활을 힘들어하는 아이들이 있다. 그런 아이들은 시간이 지날수록 더 많아지지 줄어들지는 않는다고 본다. 학교의 존재 이유를 다시금 정의하고 변화를 시도해야 할 시점이 아닌가 개인적으로 생각한다. 학교에서 쉴 수 있는 침대가 있다는 것만으로 아이들은 매우 든든하리라 생각한다. 친정어머님의 존재 자체가 힘을 북돋아 주듯이 말이다.

둘째, 엄마와 같은 역할을 보건교사가 하고 있다.

월요일 병원을 가보았는가? 월요일에는 환자들이 더 많다. 월요일의 보건실도 그렇다. 유독 학생들이 몰려든다. 그 이유는 주말에 다쳤다거나 주말부터 배가 아플 경우, 참았다가 월요일 등교 후 보건실을 찾는다. 엄마, 아빠들도 직장 다니느라 월요일 출근하느라 바쁘다. 아주 크게 다치거나 아픈 것이 아니면 아이들은 보건실로 온다. 보건교사는 바쁜 엄마들을 대신해서 주말에 생긴 상처 난 피부에 소독하고 연고도 발라주며 상처가 남을 것을 염려해서 메디폼으로도 정성스럽게 치료해준다. 아픈 아이들은 보건실 상비약을 처방해 먹이고 1~2시간 후 재방문하라고 해서 차도를 관찰한다. 심하면 침대에 눕혀서 자주 병세를 확인한다. 진짜 엄마는 아니지만, 그래도 아이들은 엄마 같은 푸근함을 느낄 것이다.

셋째, 보건교사는 응급상황에 대처할 학교 내 유일한 의료인이다.

학교에서도 사고는 발생한다. 사람이 있는 곳은 언제든 발생할 수 있는 것이 사건 사고이다. 사건·사고의 응급상황에서 빠르게 투입되어야 할 것이 의료행위이다. 공식적인 자격증을 갖춘 사람이 처치해야 한다. 현재 우리 학교는 교직원 학생 포함해서 전체 700명이 넘는다. 700명을 1명의 보건교사가 대응한다는 것이 역부족이지만 여러 선생님 협조하에 건강관리를 진행하고 있다. 올해 학교보건법 개정으로 일정 수준 이상의 학생 수일 경우 보건교사 2명의 배치가 확정되었다. 학생들이나 교사들이 시기적절한 의료행위의 혜택을 학교에서 받으려면 이런 변화들이 앞으로도 계속 필요할 것이다.

넷째, 세계화 시대에 전염병은 앞으로도 계속 발생할 것으로 예측한다.
사스, 메르스, 코로나19 등 세계적 전염병 범유행은 주기가 점점 짧아지고 있다. 온 세계가 바이러스와의 전쟁이다. 바이러스의 전 세계 유행과 전쟁은 한 마을처럼 변화된 글로벌의 영향이다. 오늘 우리는 당장이라도 티켓팅을 해서 원하는 나라 어디든 갈 수 있다. 물론 코로나 상황이 아닐 경우이다. 세계 어느 나라라도 쉽게 이동이 가능한 시대가 되었다. 눈에도 보이지 않은 작은 바이러스는 자유자재로 전 세계를 이동하는 사람 몸을 타고 어느 나라이든지 이동한다. 바이러스 대응에서 가장 취약한 곳은 밀집된 조직기관인데, 대표적인 기관이 학교이고. 학교에 어린 학생들이 전 세계 전염병 팬데믹에 무방비 상태가 될 수 있다. 좀 더 체계적인 대응 방안이 모색 되어야 하고 그런 측면에서 학교 내 의료인의 수를 늘리고 그 역할과 업무의 중요성을 인정하고 여러모로 격려해주는 시스템을 갖추어 나가야 한다. 건강하지 못하면 교육도 존재할 수 없다. 그렇기에 건강관리의 중요성과 함께 보건교사는 더욱 중요한 위치를 점하게 된다. 존재감이 안 생길 수가 없는 시대가 된다.

보건교사의 존재감은 지금도 상승하고 있다. 시간이 흘러도 그 가치가 줄지 않는 것이 건강이다. 건강의 가치는 아무리 강조해도 지나치지 않는다. 학교에서 건강관리와 건강교육을 담당하는 사람은 바로 보건교사이다. 그렇기에 그 존재가치는 흔들림 없이 유지된다. 학교에서 유일하게 의료인인 보건교사는 학생과 교직원의 건강에 대해 상담 창구의 기능을 하고 있다. 교직원의 건강이 곧 학생의 질적인 교육과 밀접하게 관련이 있다. 교직원은 보건교사에서 개인적인 건강상담을 할 수 있고 상담을 통해 건강에 대한 정보와 팁을 얻어 건강을 지킬 수 있다. 학생들도 수시로 보건실을 방문해서 자신의 건강 고민을 질문한다. 엄마에게도 아빠에게도 말하지 않던 고민거리를 보건 선생님에게는 편하게 말한다. 담임 선생님에게 말하지 못한 것도 왠지 만만한 보건 선생님에게는 털어놓는다. 엄마 같기도 하고 언니 같기도 한 보건교사가 있어서 든든하게 생각할 것이다. 전 세계적인 전염병 강세로 주기적 대혼란이 오더라도 학교 구성원은 바이러스와의 전쟁에 최전선을 지키는 보건교사가 있어 또한 안심할 것이다. 보건교사는 자부심을 가져도 된다. 누가 뭐라 해도 보건교사가 중심이 되어 학교의 건강은 유지되고 증진된다. 앞으로 그 존재감은 더욱더 커질 것이라는데 이견을 가진 사람은 아무도 없다. 보건교사는 학교 건강지킴이로서 맡은 소임에 충실하고 잠재된 역량을 자신감 있게 맘껏 펼치길 바란다.

나는 보건교사입니다

초판 1쇄 발행 ｜ 2022년 11월 30일

지은이 ｜ 나애정
펴낸이 ｜ 김지연
펴낸곳 ｜ 생각의빛

주 소 ｜ 경기도 파주시 한빛로 70 515-501

출판등록 ｜ 2018년 8월 6일 제 406-2018-000094호

ISBN ｜ 979-11-6814-016-5 (03190)

원고 투고 ｜ sangkac@nate.com

ⓒ나애정, 2022

* 값 14,500원

* 생각의빛은 삶의 감동을 이끌어내는 진솔한 책을 발간하고 있습니다. 참신한 원고가 준비되셨다면 망설이지 마시고 연락주세요.